Günther Klempnauer
The Show Must Go On –
Legenden & Idole entdecken Gott

Bibliografische Information der Deutschen Nationalbibliothek
Die Deutsche Nationalbibliothek verzeichnet diese
Publikation in der Deutschen Nationalbibliografie;
detaillierte bibliografische Daten sind im Internet unter
http://dnb.d-nb.de abrufbar.

**Besuchen Sie uns im Internet:
www.st-benno.de**

Gern informieren wir Sie unverbindlich und aktuell
auch in unserem Newsletter zum Verlagsprogramm,
zu Neuerscheinungen und Aktionen.
Einfach anmelden unter www.st-benno.de

ISBN 978-3-7462-5579-8

© St. Benno Verlag GmbH, Leipzig
Umschlaggestaltung: Rungwerth Design, Düsseldorf
Covermotive: © picture alliance/dpa/Marjan Murat (Peter Maffay), © picture alliance/dpa/Horst Galuschka (Ursula Buchfellner), © picture alliance/dpa/Clemens Stein (Thomas Gottschalk), © picture alliance/Geisler-Fotopress/ Clemens Niehaus (Michael Patrick Kelly), © picture alliance/PictureLux/Cinema Publishers Coll. (Johnny Cash), © picture alliance/rtn (Johannes Heesters)
Gesamtherstellung: Kontext, Dresden (A)

Günther Klempnauer

THE SHOW MUST GO ON

Legenden & Idole entdecken Gott

benno

Inhalt:

Einleitung:
Hinter den Kulissen der Showbühne — 6

Dietmar Otto Schönherr (1926–2014)
In der Rolle des barmherzigen Samariters — 11

Peter Maffay (*1949)
Lieber Gott, wenn es dich gibt ... — 34

Udo Lindenberg (*1946)
Hinter dem Horizont geht's weiter — 51

Gerhard „Rocky" Bauer (1926–1987)
Vom Saulus zum Paulus auf St. Pauli — 59

Fritz Rau (1930–2013)
Der Rockpapst und die Erlösungsmacht der Musik — 67

Johannes Heesters (1903–2011)
Mit hundert Jahren auf der Bühne des Lebens — 77

Ursula Buchfellner (*1961)
Ein Sexidol wird Botschafterin der Versöhnung — 85

Thomas Gottschalk (*1950)
Gott im Herzen und den Schalk im Nacken — 110

Michael Patrick „Paddy" Kelly (*1977)
Ein Märchen wird wahr — 125

Jacqueline Thießen (*1997)
Als mich Heidi Klum aus der Kirche abholte — 148

Johnny Cash (1932–2003)
Der Rebell Gottes und seine Sympathie für Außenseiter — 160

Gunter Gabriel (1942–2017)
„Hey, Boss, ich brauch mehr Geld"
(… aber noch mehr Liebe) — 176

Cliff Richard (*1940)
Der Star ohne Skandale — 189

Das „Hippie"-Musical Hair
Fünf Darsteller lassen den Sonnenschein herein — 207

Ted Neeley (*1943)
Die Faszination des „Jesus Christ Superstar" — 223

Bildverzeichnis und Nachweis — 232

Hinter den Kulissen der Showbühne

„Die Show muss weitergehen", ob vor der Kamera, auf der Theater- oder Musikbühne oder auf dem Laufsteg. Doch was ist, wenn eine Lebenskrise eintritt, wie bei dem legendären Rocksänger der britischen Kultband Queen, Freddie Mercury? Er erkrankte 1991 an HIV und schrieb daraufhin seinen Welthit *The Show must go on*. Kurz vor seinem Tod konnte er ihn noch mit seiner Band einspielen, in dem es heißt:

„Leere Räume – wofür leben wir eigentlich? ...
Hinter dem Vorhang ein stummes Spiel.
Halte durch – gibt's noch irgendwen,
der das nicht satt hat?
Die Show muss weitergehen."

Die Show kann doch nicht alles sein! Zu dieser heilsamen Erkenntnis kamen auch die Showstars in diesem Buch. Ich ließ in sehr persönlichen Gesprächen mit ihnen ihr Leben Revue passieren und entdeckte immer wieder Gott, der in deren Leben seine Spuren hinterlassen hatte. Ob als Sinnfrage vor und nach dem Tod, als Sehnsucht nach Geborgenheit und Orientierung mitten im Leben, als Erlösungsmacht von Schuld und Sucht.
Als Peter Maffay mich unmittelbar vor seinem Auftritt in der Frankfurter Festhalle fragte, warum ich Christ sei, zitierte ich den Refrain aus seinem eigenen Song *Woran glaubst du?*:

„Wer erträgt mich, wenn ich mich selbst nicht ertragen kann?
Wer verzeiht mir, wenn ich mir selbst nicht verzeihen kann?
Wer nimmt mir die Angst, wenn ich mir selbst die Angst nicht nehmen kann?"

Der coole Rockstar Udo Lindenberg teilte meine Meinung, wonach hinter jeder Sucht eine ungestillte religiöse Sehnsucht nach Liebe und Urvertrauen stecke. Sein väterlicher Freund, der legendäre Konzertveranstalter Fritz Rau, glaubte an die Erlösungsmacht der Musik und sehnte sich zugleich nach der „Gnade Gottes".
Paddy Kelly gestand mir: „Als ich im Sterbehaus von Mutter Teresa in Kalkutta meinen Song *Pray, pray, pray* (Bete, bete, bete) vortrug, stockte mir mitten

im Lied vor Freude und Dankbarkeit der Atem. Dieser ‚Auftritt' hat mir mehr gegeben als unser Konzert vor einer Viertelmillion Kelly-Fans in Wien."

Der wohl älteste britische Popsänger, Cliff Richard, der gerade eine Europa-Tournee (2019) macht, befürchtete, dass er seine Rock-'n'-Roll-Karriere mit einem öffentlichen Christusbekenntnis aufs Spiel setzen würde. Es sei für ihn damals der erste positive mannhafte Schritt nach vorn mit allen Konsequenzen gewesen. „Ich musste abwägen zwischen Geld, Ruhm und Jesus. Und Jesus hatte für mich das größte Gewicht."

Ähnlich erging es dem „King of Country Music" Johnny Cash, der mir unmittelbar vor seinem Auftritt im Londoner Wembley-Stadion gestand: „Ich habe den Eindruck, meine Plattenfirma hätte es lieber, ich säße im Gefängnis statt in der Kirche. Aber diese Leute können oder wollen nicht verstehen, dass ich ohne meine Hinkehr zu Gott nicht mehr am Leben wäre."

„Am liebsten würde ich meine Jesus-Rolle fünftausendmal spielen", gestand der US-amerikanische Weltstar Ted Neeley als Jesus-Darsteller in der Rockoper *Jesus Christ Superstar*. Ich traf den 75-jährigen Schauspieler nach seinem glanzvollen Auftritt im Musical Dome Köln (26. April 2019). Wir feierten ein Wiedersehen nach 48 Jahren. Damals begegneten wir uns in der Negev-Wüste bei Filmaufnahmen zu *Jesus Christ Superstar*.

Wenige Wochen zuvor (Januar 1972) machte das Ensemble des Hippie-Musicals *Hair* eine Europa-Tournee. In meiner Heimatstadt Siegen verließen zwei Tänzerinnen und drei Sänger die Hair-Bühne, weil sie Christen werden wollten. Was aus ihnen geworden ist, liest sich wie ein Märchen mit Happy End.

Die Lebensgeschichten dieser und vieler anderer Stars in diesem Buch erzählen alle Ähnliches und sind auf ihre je eigene Art spannend und beeindruckend. Lassen Sie sich überraschen!

Als das Chaos über den exzentrischen Freddie Mercury hereinbrach, war auch sein Lebenswille ungebrochen, wie es in seinem Song *The show must go on* heißt. Doch war es vielleicht nur ein angemaltes Lächeln eines todkranken Rockstars, für den es kein Leben ohne Show gab? Ich musste an „Rocky" alias Gerhard Bauer denken, der mit Udo Lindenberg auf der Bühne stand. Der voll tätowierte Irokese wurde unheilbar krank. Ich besuchte ihn wenige Wochen vor seinem Tod und erlebte einen strahlenden Christen, der mit Gott, seinen Mitmenschen und sich selbst versöhnt war. Er fühlte sich wie der verlorene Sohn, der nach einem chaotischen Leben reumütig wieder nach Hause gekommen war. Seine letzten Worte waren: „Vater, ich gehe jetzt zu dir."

Beeindruckt von der lebenserneuernden Glaubenshaltung seines verstorbenen Freundes entstand zwei Monate danach Udo Lindenbergs wohl populärstes Lied *Hinterm Horizont*.

Ich möchte Sie einladen zu dieser außergewöhnlichen Entdeckungsreise, die wegweisenden Lebens- und Glaubensimpulse der aktuellen Idole und unvergesslichen Legenden wahrzunehmen. Es könnte

Sie inspirieren und motivieren, über den Sinn Ihres Lebens intensiver nachzudenken und Gott auf die Spur zu kommen.

Ihr
Günther Klempnauer

Dietmar Otto Schönherr (1926–2014)

In der Rolle des barmherzigen Samariters

Wenn Sie wissen wollen, worin die lebenserneuernde Kraft der revolutionären Christusbotschaft besteht, die das persönliche und gesellschaftliche Dasein verändern kann, dann sollten Sie weiterlesen. Erlebt hat diese konkurrenzlose Wohltat der legendäre Theater- und Filmschauspieler, Regisseur, Schriftsteller, Filmemacher, TV-Moderator, Friedensaktivist und Entwicklungshelfer mit vielen Facetten, Dietmar Schönherr. Er weilt nicht mehr unter uns, aber sein Geist und sein Vorbild wirken weiter.
Wenn er jetzt dabei wäre und wüsste, dass ich zunächst seine ruhmreiche Karriere vorstellen möch-

te, würde er rückblickend sagen: „Das ist doch alles Schnee von gestern." Aber genau daran erinnert sich noch ein Millionenpublikum der älteren Generation. Dietmar Schönherr wirkte in über 100 Kinofilmen mit, machte Hunderte von Fernsehproduktionen, stand im gesamten deutschsprachigen Raum auf der Bühne und sorgte als Fernsehmoderator für intellektuell stimulierende Unterhaltung. Von 1969 bis 1972 moderierte er mit seiner Frau Vivi Bach die innovative und viel gesehene Fernsehshow *Wünsch Dir was*. Mit *Je später der Abend* moderierte er ab 1973 die erste Talkshow des deutschen Fernsehens. 30 Millionen Zuschauer waren jedes Mal dabei.

Den Jahrhundertpreis erhielt der populäre Schauspieler 1999 für seine Filmrolle als Commander McLane auf dem *Raumschiff Orion*, 34 Jahre nach seiner Premiere. Diese Science-Fiction-Serie erlangte sofort einen bis heute anhaltenden Kultstatus bei den deutschsprachigen Fernsehzuschauern. Als Synchronsprecher lieh Dietmar Schönherr u. a. James Dean seine Stimme, so in den Filmen *Jenseits von Eden, ... denn sie wissen nicht, was sie tun* und *Giganten*. Unter anderem wurde Dietmar Schönherr 1972 und 1999 mit der Goldenen Kamera ausgezeichnet. Weiterhin bekam er 2005 den Ehrenpreis für sein Lebenswerk im Rahmen der Vergabe des *Deutschen Fernsehpreises*.

Ich nahm damals einfach Kontakt mit seiner Agentur auf, weil ich diesen Menschen unbedingt kennenlernen wollte, und wir trafen uns dann erstmals im Sommer 1987 in Nürnberg.

Die erste Hauptrolle in einem Nazifilm

Dietmar Schönherr wurde 1926 als Dietmar Edler von Schönleiten in Innsbruck geboren und in katholischer Tradition erzogen. Sein Vater war ein liberal gesinnter General, der von Hitler nach Berlin versetzt wurde, wo auch Dietmar aufwuchs. Nur ungern sprach er über diese Hitlerzeit: „Die Nazipropaganda hat mich in der Schule, im Jungvolk und beim Militär gründlich beharkt. Mit aller Brutalität des Faschismus wurde das Christentum als Quatsch weggefegt. Wir haben gemacht, was uns befohlen wurde. Alles war auf Krieg programmiert." Bereits 1941 war er Pimpfenführer der Hitlerjugend und bekam von einem UFA-Filmpropagandisten die Hauptrolle in dem Durchhaltefilm *Junge Adler* angeboten. Wie reagierte Schönherr darauf? „Der Produktionsleiter machte mir klar, dass ich ihn nicht länger zum Narren halten könne und den Vertrag endlich unterschreiben sollte. Ich schaute ihn mir an und unterschrieb ihn sofort. Dann ging ich nach Hause und sagte zu meiner Mutter: ‚Ich verdiene jetzt mehr als der Vater.' Nach dem Krieg fiel es mir unheimlich schwer, zum Glauben zurückzufinden, denn ich hatte das Gefühl, die Christen hätten ihren Glauben verraten. Ich hatte gesehen, wie mein Vater, der trotz seines Generalsranges überhaupt kein militärischer Mensch war, nach dem Krieg an der Tatsache zerbrochen war, dass er sein Leben vergeudet hatte. Ich habe mir sehr gewünscht, dass er mir einmal erzählt, was er erlebt hat. Er hat es nie getan. Darüber war ich sehr traurig."

Über seine damalige Einstellung zur Kirche wusste er nichts Gutes zu berichten: „Damals lebte ich in einer ländlichen Gemeinschaft. Die Leute taten, was sie wollten, ohne nach Gottes Geboten zu fragen. Am Sonntag rannten sie dann in die Kirche und beichteten ihre Sünden, um am nächsten Tag ihr sündiges Leben wieder weiterzuführen. Dieser bigotte Lebensstil war für mich als Beobachter unerträglich. Was sollte ich als Zwanzigjähriger damit anfangen? Und wenn ich dann in dieser kargen Nachkriegszeit die bombastischen Barockkirchen betrat, voller Prunk und Weihrauch, und mir manche bigotten Priester anschaute, die nicht gerade meinem Idealbild entsprachen und in vielen Bereichen nicht Maß halten konnten, war das nicht meine Welt. Ich war ein Moralist, aber kein Feind der Kirche, auch wenn ich abseits stand und nur die leeren Kirchen besuchte, wenn alles still war. Aber Jesus Christus war für mich als junger Mensch immer die große Vision. Er stand immer unversehrt vor mir."

Glück kann man mit Geld nicht kaufen

Wie kaum ein anderer war Dietmar Schönherr ein Vorbild dafür, wie praktische Nächstenliebe und politisches Engagement aussehen können. Er glich in dem Bild von Willy Fries dem unscheinbaren Helfer, der sich hingebungsvoll um den Verletzten kümmert. Ich wollte von ihm wissen, wie aus einem seelenlosen Zuschauer ein mitleidender Helfer werden kann.

Seine Antwort: „Man sollte zulassen, von solchen Ereignissen betroffen zu werden. Die Zuschauer hier sind nicht betroffen. Wir müssen uns auf die Not anderer Menschen einlassen. Das geht mich etwas an, wenn es einem anderen schlecht geht, ob es eine Krankheit, ein Unfall oder ein Trennungsschmerz ist. Ich habe so etwas schon einmal selbst erlebt. Ein Schauspieler, mit dem ich wochenlang gearbeitet hatte, sprach immer mal wieder andeutungsweise über seine Sorgen und Probleme. Aber wir sind nicht auf ihn eingegangen. Und dann hat er sich umgebracht. Nachher haben wir gesagt: Wahrscheinlich hätten wir ihm helfen können, wenn wir auf ihn zugegangen wären und gesagt hätten: ‚Komm, wir setzen uns mal zusammen. Erzähl mir doch mal deine Probleme. Vielleicht kann ich dir helfen!'" Und was bringt ihm diese einfühlsame Hilfsbereitschaft ein, wenn er sich auf Not leidende Menschen einlässt? Seine Antwort ließ nicht lange auf sich warten: „Ich habe unendlich viel davon. Modern ausgedrückt spricht man vom Feedback. Was immer ich an Gefühlen, Liebe, Hilfe und Rat gebe, kommt alles hundertfach auf mich zurück. Man bekommt es mit Zins und Zinseszins zurückgezahlt, und zwar ganz effektiv. Es ist eine unendliche Bereicherung. Man kann eigentlich überhaupt nicht von einem Opfer sprechen – weder finanziell, körperlich noch seelisch. Natürlich stehen helfende Menschen nicht im Rampenlicht, denn in unserer Leistungsgesellschaft wird alles am äußeren Erfolg gemessen. Wer auf der Karriereleiter aufsteigt, ist ‚in' und wer unten bleibt, ist ‚out'. Und wer sich nur vom äußeren Erscheinungsbild blenden lässt im Sinne von ‚Kleider machen Leute', weiß nicht, worauf es letztlich ankommt. Mit Geld kann man sich vieles kaufen, aber kein Glück."

In den Seligpreisungen oder Glücksverheißungen der Bergpredigt sagt Jesus unter anderem: „Glückselig sind die Barmherzigen, denn sie sollen Barmherzigkeit erlangen" (Mt 5,7). Was bedeutet für den Schauspieler Dietmar Schönherr Glück? „Glück heißt für mich, in sich selbst und in Gott zu ruhen, das Gefühl einer gewissen Sinnhaftigkeit. Oder besser ausgedrückt: Ich bin nicht ganz umsonst auf dieser Welt, sondern hierhergeschickt worden, um meinen Auftrag so gut wie möglich auszuführen. Davon verspreche ich mir weder die ewige Seligkeit noch irgendwelche Belohnungen. Ich tue es, weil es mir aufgetragen ist und ich es machen muss."

Schönherrs Herzensprojekt: Entwicklungshilfe in Nicaragua

Seit 1984 engagierte sich Schönherr in Nicaragua. Dort unterstützte er seit 1985 fünf Solidaritätsprojekte mit den Einnahmen aus seinen Filmengagements und mit den Spenden vieler Freunde und Gönner. 1988/1989 hatte Schönherr gemeinsam mit seinem Freund, dem ehemaligen nicaraguanischen Kultusminister und Priester Ernesto Cardenal, die Stiftung *Casa de los Tres Mundos* (Haus der drei Welten) gegründet, zu der unter anderem das gleichnamige Kulturzentrum in Granada mit einer integrierten Kunst- und Musikschule gehört. Dafür hatten die Initiatoren im Herzen der nicaraguanischen Stadt Granada einen verfallenen Kolonialbau gekauft, der zwischen 1988 und 1995 für eine Million Euro restauriert wurde. Ziel war Austausch und Förderung Kulturschaffender und der kreativen Kräfte der heimischen Bevölkerung sowie die Arbeit mit sozial benachteiligten Kindern. Cardenal sagte einmal über seinen Freund: „Ich bewundere es sehr, dass Dietmar Schönherr seine Zeit und sein Geld opfert, und sich so sehr für die Armen in unserem Land einsetzt."

Das liest sich phänomenal. Und was würde der erfolgreiche vielseitige Künstler dazu sagen? Er sagte mir zumindest einmal: „Wenn der Vorhang der letzten Vorstellung eines Theaters fällt, ist alles für immer vorbei. Da bleiben vielleicht noch drei vergilbte Fotos irgendwo in der Schuhschachtel. Das ist alles."

„Es gibt nicht viele Menschen, die ihre Überzeugung so konsequent leben wie Dietmar Schönherr", sagte der damalige Bundeskanzler Gerhard Schröder anlässlich Schönherrs 75. Geburtstages. Das Multitalent ist zeit seines Lebens gegen den Strom geschwommen, wenn es um Wahrheit und Gerechtigkeit ging. Ob als Schauspieler, Regisseur, Filmemacher, Buchautor oder Fernsehmoderator. Nie redete er dem Volk nach dem Mund, sondern tat, was er als notwendig erachtete. Als er Mitte der Achtzigerjahre sein tragfähiges Lebensfundament gefunden hatte, verblasste in seinen Augen der vergängliche Ruhm:

„Jetzt spiele ich vor allem um des Geldes willen, das anderen Menschen zugutekommen soll." Wie war es zu dieser radikalen Lebenswende gekommen?
Zum Sinneswandelt seiner bisherigen erfolgreichen Schauspielerkarriere kam es am Heiligabend 1984 während eines ökumenischen Gottdienstes am Stacheldrahtzaun in Mutlangen. Der Schauspieler erzählte mir: „Meine Frau Vivi musste damals zu ihren sehr kranken Eltern nach Dänemark fahren, und ich war allein. Wie sollte ich Weihnachten verbringen? Spontan entschloss ich mich, mit 200 anderen Demonstranten in Mutlangen an der Blockade des amerikanischen Atomraketendepots teilzunehmen. Es war eiskalt. Wir feierten Gottesdienst. Ich fragte mich, ob unser Protest nicht irgendwie nur Selbstzweck sei, denn unser kleines Häuflein wurde von der Öffentlichkeit gar nicht wahrgenommen. War das nicht vergeudete Kraft? Doch ich wollte unbedingt etwas machen, was anderen Menschen wirklich zugutekommt." Zu dieser Zeit tobte ein schrecklicher Bürgerkrieg in Nicaragua, der von 1981 bis 1990 dauern sollte. Die sandinistische Befreiungsfront *FSLN*, bestehend aus Intellektuellen, Priestern, Bauern und Fabrikarbeitern, hatte 1979 ein verhasstes, menschenverachtendes System mit übermenschlicher Anstrengung hinweggefegt. Da die US-Regierung ein sozialistisches Regime als Nachbarn nicht dulden wollte, schürte sie das Feuer des Bürgerkrieges durch finanzielle Unterstützung der Contras im Kampf gegen die Sandinisten.
Dietmar Schönherr hatte 1982 den Priester und

Dichter Ernesto Cardenal kennengelernt, der in dieser sandinistischen Revolutionsregierung Kulturminister geworden war. Am besagten Heiligabend rief der innerlich verzweifelte Schauspieler Ernesto Cardenal an und klagte ihm sein Sinnlosigkeitsgefühl. Daraufhin schlug der Priester Schönherr vor, sechs Wochen aus seinem Terminkalender zu streichen und den christlichen Glauben bedrängter Bauern im Kriegsgebiet zu erleben. Zugleich wollte er eine Stiftung „Hilfe zur Selbsthilfe" gründen. Kurz entschlossen flog der Schauspieler nach Nicaragua und wurde von Ernesto Cardenal in das Dorf Posolera mitten im Kriegsgebiet im Norden des Landes gebracht. Schönherr erinnerte sich: „Es war eine Ansammlung von Erdlöchern und Bretterverschlägen und vom Wind zerfetzten Plastikplanen, in denen circa 75 Campesino-Familien mit 200 Kindern ohne Wasser und Strom hausten. Als Überlebende von drei schweren Angriffen der Contras waren diese Bauern hierher umgesiedelt worden. Einige Männer und Frauen waren militärisch ausgebildet, um die Gemeinschaft bei Angriffen zu verteidigen. Trotz ihrer Hilflosigkeit waren sie nicht ohne Hoffnung."

Meine heiligste Stunde auf dem Kalvarienberg

Über seine erste Reise schrieb Dietmar Schönherr Tagebuch (*Nicaragua, mi amor*). „Dieses Buch ist keine Liebeserklärung an die sandinistische Regierung, aber eine Liebeserklärung an die leidgeprüften Menschen", schrieb Franz Alt im *Spiegel*. Wie hat der Schauspieler die Campesinos in Posolera erlebt? Als wäre ich selbst dabei gewesen, so anschaulich und mit großer Ergriffenheit ließ Schönherr mich teilhaben an seinen Erlebnissen: „In diesem gefährlichen Kriegsgebiet haben mein Filmemacher und ich das Leben mit den Dorfbewohnern geteilt. In der Nacht zum Karfreitag (1985) hatten die Campesinos auf den steinigen Straßen zwölf Kreuzwegstationen mit fliederartigen Blüten und einem Kreuz errichtet. Aus Bananenstaudenblättern hatten sie auf einer Anhöhe eine Kapelle gebaut. Schließlich begann am Fuß des Kalvarienberges die Karfreitagsprozession. Hinter einem meterhohen Holzkreuz gingen die Gläubigen von einer Kreuzwegstation zur anderen. Auf einem Transparent standen die Worte: ‚Seht das Kreuz, an das geschlagen wurde die Errettung der Welt.' Auf dem Kalvarienberg an der Kapelle angekommen, vernahmen die Gläubigen die Worte: ‚Wahrlich, ihr Kleingläubigen, wenn ihr nur so viel Glauben habt wie ein Senfkorn, so werdet ihr zu diesem Berg sagen: Geh weg. Und er wird weggehen. Und nichts wird euch nun möglich sein.' Diese Prozession haben die Dorfbewohner ohne ihren Pfarrer organisiert und durchgeführt. Später gab es einen Gottesdienst im Freien. Dazwischen die Bewaffneten in Alarmbereitschaft. Der Pfarrer war ein Franziskanerpater aus Brasilien, der in der gleichen Armut lebte wie die Bauern. Obwohl es in Strömen goss, zog er sich eine Soutane über." Was Dietmar

Schönherr bei dieser Messfeier empfand, hat er in seinem Tagebuch festgehalten. Hier ein Auszug:

„Und ich stehe da, als Naddio zur Wandlung bimmelt.
Und ich stehe da, als Osmar das Brot bricht.
Und ich stehe da, als Osmar den Leib des Herrn aus einem kleinen Plastikbecher fingert.
Und ich stehe da, als er das dunkelgelbe Blut in den Kelch schüttet.
Und ich stehe da, als er den Kelch mit dem Blut des Herrn in den Gewitterhimmel von Posolera hebt.
Und ich stehe da, als der Padre uns segnet.
Und ich stehe da – und habe noch immer diese Worte in den Ohren: Man muss Hoffnung haben.
Und ich sage dir im Vertrauen, dass es die heiligste Stunde war, die ich je erlebt habe."

Dietmar Schönherr war ergriffen von der Kraft der Auferstehung, von der diese Campesinos sich am Leben hielten. In diesem Kampfgebiet ermutigten die Pfarrer ihre Gemeinden, ihre Rechte einzuklagen und dafür zu kämpfen. Und wenn die Christen ihre im Bürgerkrieg gefallenen Brüder beerdigten, predigten sie: „Wollt ihr jetzt Trübsal blasen und vor lauter Verzweiflung nicht mehr anbauen? Dann haben eure Kinder plötzlich nichts mehr zu essen. Das Leben geht weiter."
Beeindruckt zeigte sich Schönherr von dem unerschrockenen Einsatz des Franziskanerpaters, der seine Pfarrkinder im Glaubenskampf motivierte. So

berichtete er: „Nach einem Angriff der Contras auf Posolera, bei dem 30 Leute getötet wurden, sagte der Franziskaner aus Brasilien, es sei wichtig, an die Gefallenen zu denken. Und während er ihre Namen aufrief, antwortete die Gemeinde nach jedem Namen „presente", das heißt, sie sind anwesend. Damit zeigten die Trauernden, dass sie von der Auferstehungshoffnung erfüllt waren. Und dann ließ der Pater sich einen Blecheimer mit Wasser geben und taufte sechs Kinder. In diesem Augenblick wurde der Tod ad absurdum geführt." Der schmächtige Gottesmann, der von den Contras oft verhört und gefoltert wurde, ist bald darauf an einer schweren Nierenkrankheit gestorben.

Der vom Geist des Evangeliums erfasste Schauspieler fing an, sich mit christlicher Literatur zu beschäftigen. Besonders inspirierte ihn der Theologe Ernst Käsemann, der auch den Mächtigen dieser Welt misstraute und unter Berufung auf Gott die Freiheit eines Christenmenschen herausstellte, wenn er sagte: „Weil du diesen Herrn hast, brauchst du dich keinem anderen Herrn zu beugen."

Als Pazifist im blutigen Krieg

Ich wurde an den amerikanischen Freiheitskämpfer Dr. Martin Luther King erinnert, der am Vorabend seiner Ermordung in einer Kirche in Memphis sagte: „Wie jedermann möchte ich gern lange leben. Aber darüber mache ich mir jetzt keine Sorgen. Ich will

nur Gottes Willen tun. Und er hat mir gewährt, dass ich auf dem Berggipfel stehen und hinunterschauen durfte auf das verheißene Land. Ich fürchte keinen Menschen. Wenn ich einem Menschen zur Freiheit verhelfen durfte, war mein Leben nicht umsonst." So ähnlich hat es Schönherr formuliert, als er das Hilfsprojekt Posolera voller Hoffnung ins Leben rief. Nach seiner ersten abenteuerlichen Entdeckungsreise nach Nicaragua schrieb er in sein Tagebuch: „Es ist weit auf den Gipfel. Der Weg wird mühsam sein, steinig, voller Gefahren. Aber man kann ihn erreichen, den Gipfel, Schritt für Schritt. Denn nichts wird unmöglich sein." Ich sagte zu dem Friedensaktivisten: „Damals hast du auf dem Gipfel gestanden wie Martin Luther King. Bald darauf kam es zu einem entsetzlichen Absturz." Was war passiert? Noch immer fiel es ihm schwer, darüber zu sprechen, aber er tat es: „Es war am 12. April 1986, als unser Dorf Posolera von den Contras angegriffen wurde. Zusammen mit vier anderen deutschen Mitarbeitern war ich Zeuge dieses brutalen Überfalls. Neben mir starben fünf Campesinos. Wir Deutschen konnten nur um ein Haar dem Tod entrinnen. Das Ziel dieser feindlichen Operation, das Dorf dem Erdboden gleichzumachen, wurde deshalb nicht erreicht, weil seine Bewohner sich heldenhaft und mit letztem Einsatz verteidigt haben. Schließlich lagen ihre Frauen und Kinder neben ihnen in den Löchern. Wie Säuglinge haben wir uns von den mutigen Männern verteidigen lassen."
Dietmar Schönherr war überzeugter Pazifist. Des-

halb fragte ich ihn, ob er nach diesen mörderischen Angriffen immer noch keine Waffe in die Hand nehmen würde. Darauf antwortete er: „Ein unglaubliches Dilemma spielte sich in meinem Innern ab. Zum ersten Mal stellte ich meine pazifistische Grundhaltung, niemals jemanden töten zu wollen, infrage. Ist es eigentlich richtig, sich im Ernstfall einer solch vehementen Gewalt passiv zu verhalten? In diesem Chaos lagen Sterbende in meinem Armen, die an ihrem eigenen Blut erstickten. Eindrücke, die ein Westeuropäer überhaupt nicht verkraften kann. Wir Deutsche waren so geschockt, dass wir erst einmal das Dorf verlassen mussten. Unser Weggang löste wiederum bei den Dorfbewohnern einen Schock aus, weil sie sich von uns im Stich gelassen fühlten. Ob sie etwas falsch gemacht hätten, fragten sie uns. Um wenigstens etwas zu tun, haben wir vor der internationalen Presse ausführlich darüber berichtet. Außerdem sind wir nach Europa geflogen, um die Nachrichtenmagazine *Stern* und *Spiegel* zu informieren.

In dem vollen Bewusstsein, welcher tödlichen Gefahr wir ausgesetzt waren, flogen wir jedoch eine Woche später wieder zurück in die Hölle, weil das Schulgebäude fertiggestellt werden musste. Andernfalls wäre es in einem Jahr eine Ruine und alle Arbeit umsonst gewesen.

Anderthalb Jahre habe ich gebraucht, bis ich wieder ein fast normaler Mensch wurde. So lange hat mich das Ungeheuer in meiner Existenz beeinträchtigt. Immer wieder quälten mich die Fragen: Darf

ich mich von anderen Menschen verteidigen lassen? Muss ich im Notfall zur Waffe greifen? Darf ich überhaupt wieder nach Nicaragua fliegen, wenn ich Waffengewalt ablehne?
Katholische Priester in El Salvador sagten uns, sie würden als erwachsene Männer mit der Waffe in der Hand Kinder gegen solche Angreifer wie die Contras verteidigen. Ein solches Vorgehen könnten sie mit ihrem christlichen Glauben vereinbaren. Ich bin wieder hingefahren und habe mich nicht bewaffnet."

„Sie gaben den Mördern ihrer Männer zu essen"

Aufschlussreich war für mich die Antwort auf die Frage, wie sich die Campesinos gegenüber den gefangen genommenen Contras verhalten hätten. Darauf ging Schönherr mit ansteckender Anteilnahme ein: „In Posolera gab es nach diesem schrecklichen Angriff, bei dem 30 Tote zu beklagen waren, am nächsten Tag drei Gefangene. Kaum 20-jährige Burschen wurden durch ein Spalier von Männern, Frauen und Kindern geführt. Ganz verschüchtert und voller Todesangst glaubten sie, jetzt umgebracht zu werden. Dann wurden sie in eine halb verfallene Hütte, das alte Schulgebäude, gebracht, wo sie durch Blutlachen der soeben verstorbenen Opfer waten mussten. Hier wurden sie vom einrückenden Militär stundenlang verhört. ‚Habt ihr denn nicht Hunger?', fragten die Frauen der Toten die ängstlichen Gefangenen. Und dann gaben sie ihnen eine Bohnensuppe zu essen. Sie praktizierten christliche Feindesliebe."

Schönherrs makabrer Frontbericht ging mir unter die Haut. Als Neunjähriger musste ich beim Einmarsch der Sowjetarmee in Danzig am Ende des Zweiten Weltkrieges ähnlich grausame Erlebnisse über mich ergehen lassen. Da gab es keine Psychotherapeuten, die solche traumatischen Belastungsstörungen behandelt haben. Der weltberühmte Psychiater und Begründer der Logotherapie, Prof. Dr. Viktor Frankl, war als Jude selbst drei Jahre im KZ Auschwitz und kannte den Seelenschmerz verzweifelter Menschen. Als Psychologe suchte er das Gespräch mit mir als Theologen und gestand mir: Der Glaube an Christus und sein Erlösungswerk sei wirksamer als die Psychotherapie. Für ihn war das Sinnlosigkeitsgefühl die schlimmste Krankheit unserer Zeit.

Die Frage nach dem Sinn

Spätestens nach solch einem Wahnsinn stellt der Mensch die Frage nach Gott und dem Sinn des Lebens. Genauso erging es auch Dietmar Schönherr, der sich fragte: „Wozu ist das alles? Wozu bin ich auf der Welt? Was mache ich eigentlich hier? Wohin soll ich gehen? Was passiert am Tage meines Todes? Gibt es ein Leben nach dem Tod? Ich bin auf der Suche nach Gott, nach mir selbst und nach dem

Sinn des Ganzen. Diesen Glaubensweg habe ich beschritten, bin aber noch nicht am Ziel."

Mir fiel der Apostel Paulus ein, der an die Gemeinde in Philippi schrieb: „Nicht dass ich es schon ergriffen habe und vollkommen bin. Ich jage aber dem Ziel nach, weil ich von Christus ergriffen bin …, dem Siegespreis der himmlischen Berufung." Findet sich der Schauspieler in diesem Bekenntnis wieder? „Das tue ich", sagte er. „Jesus ist für mich jemand, der die Leute in ihrem Alltag mit scharfem Verstand und großen Emotionen beobachtet hat. Für jeden Menschen, der ihm begegnet, hat er die richtige Antwort. Bei den Friedensbewegungen bin ich ganz konkret zum ersten Mal auf Christen gestoßen, die richtig denken und anders waren als die oft oberflächlichen Theater-, Show- und Filmleute. Dabei denke ich an Walter Jens, Helmut Gollwitzer und Heinrich Böll. Wiederholt habe ich im Rahmen der Aktion *Fasten für das Leben* 25 Tage gefastet, was mir sehr gutgetan hat. So bin ich dem Christentum immer nähergekommen."

Dietmar Schönherr machte mich neugierig. Ich wollte mehr über seine Christus-Beziehung erfahren. Und er ließ mich ein wenig in seine Seele hineinschauen: „Ich will jetzt nicht sentimentalisieren, aber es ist eine sehr starke Beziehung. Mehr möchte ich dazu nicht sagen; denn es lässt sich schwer beschreiben, und jede Form von wirklichem Gottesglauben ist ja außerordentlich heikel. Es kann leicht als lächerlich hingestellt werden. Ich habe ein sehr schlichtes Christusbild. Am wesentlichsten scheint mir sein Opfertod zu sein. Als Gottessohn kommt er auf diese Erde und sagt: ‚Ich nehme euch Menschen jetzt die Sünde ab.' Ohne Gottesliebe wäre ich zu meinem sozialen Engagement kaum fähig. Christen werden manchmal auch mit Christus gekreuzigt, indem sie beschimpft und verachtet werden. Christen sollten sich offen zu Christus bekennen. Wer dieses Bekenntnis aber nur als politische Parole benutzt, sollte es lieber bleiben lassen."

Nach dem Bürgerkrieg

Dietmar Schönherr hielt seiner ersten Liebe, der Entwicklungshilfe für das Dorf Posolera, die Treue und kehrte immer wieder dorthin zurück. Jahrelang hatte der prominente Entwicklungshelfer dort selbst Hand angelegt und gemeinsam mit den Bauern und den hilfswilligen Europäern von den Spendengeldern seiner Stiftung 75 Hütten mit Strom und Wasseranschluss gebaut. Die neue Schule, ein Kindergarten und ein Gesundheitsposten, ein Lagerhaus und zwei Produktionsstätten wurden innerhalb von 44 Monaten errichtet. Die Campesinos waren in der Lage, durch landwirtschaftliche Tätigkeit mehr als ihren Eigenbedarf zu decken. Doch nach dem Ende des Bürgerkrieges verfiel das Dorf wieder. Trotz seiner Enttäuschung reagierte der Schauspieler beim Anblick des heutigen Posolera gelassen: „In meinem Alter ist man daran gewöhnt, mit Niederlagen zu leben. Ich würde es wieder tun." Und die letzten Dorfbewohner erinnern sich gern an das große Wunder, das der „weiße" Mann, so nannten sie ihn, aus Europa seinerzeit vollbrachte. Die Stiftung führte ihre Arbeit aber fort und wuchs. Die *Casa de los Tres mundos*, das aktive Kultur- und Bürgerzentrum, heute eines der schönsten Kultureinrichtungen Mittelamerikas, erfreut sich nationaler und internationaler Beliebtheit. Einer der ersten ausländischen Staatsgäste war der frühere Bundespräsident Roman Herzog. Mit seinen Spendengeldern – inzwischen sind viele Millionen Euro geflossen – unterstützte Dietmar Schönherr außerdem unzählige Straßenkinder in den großen Städten wie Managua. Ernesto Cardenal schrieb in seinem Nachruf für Schönherr, seine „Bescheidenheit sei so groß wie sein Werk" gewesen. Er habe sich „aus Liebe" für Nicaragua eingesetzt. Sein *Haus der drei Welten* sei eine für ganz Mittelamerika wichtige „kulturelle Großtat" gewesen, die an ein Wunder grenzte.

„Ich begrüße dich, Herr Jesus Christus"

Höhepunkt seines verdienstvollen Lebens war für den österreichischen Theater- und Filmschauspieler, Regisseur, Schriftsteller, Filmemacher, TV-Moderator, Friedensaktivist und Entwicklungshelfer seine Predigt auf dem Kirchentag 1987. Seine Knie schlotterten schon im Voraus und das Lampenfieber stieg bedrohlich an, verriet mir Dietmar Schönherr einige Tage vor dem großen Auftritt. Als seine Vertrauensperson schickte er mir das Predigtmanuskript zu. Ein Vermächtnis für sein sinnerfülltes Leben auch im unermüdlichen Einsatz für die Notleidenden in Nicaragua und anderswo. Es war für den gläubigen Christen eine Premiere, die ihm mehr bedeutete als seine 100 Filmpremieren, in denen er meist die Hauptrolle spielte. Dieses Mal spielte Jesus Christus die Hauptrolle, und der Schauspieler verstand sich als sein Sprachrohr. Ich lade Sie ein, dieser aufrüttelnden Predigt[1] zu folgen:

Liebe Freunde in Christo, Schwestern und Brüder, Leidensgenossen in einer Welt der Habsucht und Profitgier, in der uns die Liebe abhandengekommen ist. […]
Ich begrüße dich, Herr Jesus Christus, in unserer Mitte. […] Ich hoffe, dass du Freude hast an uns in dieser Halle. […] Du hättest zu uns kommen können, strahlend auf einer weißen Wolke thronend. […] Du bist auf diesem Kirchentag ganz anders zu uns gekommen, klein, von Schmerzen gebeugt, der Ecce-Homo. Du stehst da, mitten unter uns, in deinem ärmlichen Purpurmantel, dein Haupt blutet unter deiner Dornenkrone. Und wenn ihr ganz still seid, könnt ihr in der Ferne das Spottgeschrei des Pöbels hören. Und wir hören die Stimme des Pilatus, der sagt: „Seht, welch ein Mensch." Und da brüllen sie schon: „Kreuziget ihn!" […] Und um die dritte Stunde nagelten sie dich ans Kreuz. Und seither schlagen sie dich ans Kreuz. In Gestalt der Unterdrückten, der Entrechteten, der Gefolterten […] der Kinder und der Frauen, die in Kerkern gepeinigt werden oder an Hunger sterben. […]

---
[1] Gekürzte Version.

Was ist zu tun in dieser Stunde, da unser Glaube den Biss verloren zu haben scheint, da das Salz der Erde schal geworden ist, seinen Geschmack verloren hat – womit soll man nun salzen?
Schaut mich an, hier stehe ich, ein alter Mann, dem Tod so nahe, dass er seine Schrecken verloren hat. Kein bisschen weiser und klüger als ihr, nur älter und dadurch durch viele Niederlagen gegangen, und ich sage euch: Wir müssen diese Botschaft so radikal leben, wie sie uns aufgetragen ist. […] Wir dürfen es uns nicht gefallen lassen, dass dieser blaue Planet, Gottes Erde, unsere Erde … durch Profitgier unbewohnbar gemacht wird. Ich bin nach Nicaragua aufgebrochen. Ich wollte armen Menschen helfen. Ich bin aufgebrochen in der vermessenen, aber auch ganz naiven Absicht, Gott zu suchen. […] Mir ging es wie den Fischen im Gleichnis, die auszogen, dass man ihnen das Wasser zeige. Und ich bekam wie sie die Antwort: Im Wasser lebt und bewegt ihr euch, aus dem Wasser kommt ihr, zum Wasser kehrt ihr zurück. Ihr lebt im Wasser, aber ihr wisst es nicht. In gleicher Weise lebt ihr in Gott, und doch bittet ihr, zeige uns Gott. Und auf einmal war er mir ganz nahe, mit jedem Tag mehr. Er war da im fragenden Auge eines Kindes, im glitzernden Absturz einer Sternschnuppe, am Raketenzaun in Mutlangen. Aber begriffen habe ich es erst, als ich den sterbenden Campesino im Arm hielt, als bei der Totenmesse für die Ermordeten im Dorf sechs Kinder in dem Blecheimer getauft wurden, als die gefangenen Contras durch die Blutlachen der von ihnen ermordeten Männer gingen und als die Frauen ihnen zu essen gaben …
Ich bin sechs Jahrzehnte meines Lebens gegangen – und

gehörte zu jener Generation, die das verkrüppelte Kreuz angebetet und Auschwitz möglich gemacht hat. [...] Wir haben den Samen gelegt für Hiroshima, wir sind die Konstrukteure dieser desolaten Welt, aus tausend Wunden blutend, vergiftet, verseucht, ausgeplündert, einzig und allein orientiert an materiellen Werten [...] einer Welt ohne Liebe, ohne Menschenliebe, von Gott abgewandt, krampfhaft die Augen verschließend, die Ohren verstopfend, damit wir ihn bloß nicht mehr sehen müssen, den gepeinigten Menschensohn unter der Dornenkrone. [...] Ist es möglich, im Bewusstsein dieses Versagens, im Angesicht des von uns geduldeten Unrechts, ist es da noch möglich, eine Predigt zu halten?

Ich habe es versucht. Es war, glaube ich, das Schwerste, was ich je versucht habe, immer wieder an die Grenzen meiner Unzulänglichkeit, an die Mauern der Kleingläubigkeit stoßend. [...] Wer verzeiht mir, wenn ich es nicht besser konnte? Heißt das nun Aufgabe, Resignation, Kapitulation? Nein, meine Freunde, ganz im Gegenteil. Das heißt: die Grenzen erkennen, über sie hinauszuwachsen versuchen, es besser machen ab heute. [...] Weiterkämpfen, stärker kämpfen, ihm vertrauen. Wie die alte Campesino-Frau im Angesicht von Tod, Zerstörung, Schrecken, Blut und Elend sagte: „Man muss Hoffnung haben." [...] Freiheit erringen – nicht im Sinne des Aufrechterhaltens unserer Privilegien. Freiheit, so grenzenlos, wie sie im Evangelium verheißen ist: Weil du diesen Herrn Jesus Christus hast, kannst du allen Herren widerstehen, auch wenn du sterben musst. Amen.

Der alte Mann und das Meer

Die letzten Jahre seines kämpferischen Lebens verbrachte Dietmar Schönherr mit seiner geliebten Ehefrau Vivi Bach zurückgezogen auf der spanischen Insel Ibiza. 2013 starb die 73-jährige dänische Schauspielerin und TV-Moderatorin, mit der Schönherr 47 Jahre verheiratet war. Ein Jahr später verabschiedete sich auch der 88-jährige Schauspieler von dieser Welt. Kurz vor seinem Tod sagte er: „Die meiste Zeit verbringe ich auf meiner Terrasse und schaue stundenlang aufs Meer. Das ist wunderbar." In seiner Sterbestunde hätte ich ihn gerne brüderlich umarmt und mich noch einmal herzlich bedankt für seine wunderbare Lebensgeschichte, die mich tief bewegt und Spuren in meinem Leben hinterlassen hat.

Peter Maffay (*1949)

Lieber Gott, wenn es dich gibt …

Peter Maffay gilt als der erfolgreichste deutsche Pop- und Rocksänger. Im Laufe seiner 50-jährigen Karriere hat die 71-jährige Rocklegende über 40 Millionen Musikalben verkauft. Schon seit langer Zeit stehen wir in engem Kontakt. Als wir uns kürzlich anlässlich der „Peter Maffay Tour" backstage vor seinem Konzert trafen, zeigte ich Peter ein Foto von uns beiden, das sein Manager vor 35 Jahren im Tutzinger Tonstudio gemacht hatte. Da waren wir noch jung, aber nicht weniger dynamisch als heute.
Alles fing im Religionsunterricht 1985 an. Meine Berufsschüler waren begeistert von Maffays damaligen

Hit *Lieber Gott, wenn es dich gibt, zeig uns deine Macht*. Die jungen Leute beschworen mich geradezu, mit Peter Maffay ein Interview über die Sinn- und Gottesfrage zu machen. Aber wie sollte ich an den Rockstar herankommen? Wenn überhaupt, dann nur über seinen Manager. Über Umwege erfuhr ich seine Adresse und schrieb ihm einen Brief: dass ich einige Hundert junge Leute wöchentlich als Religionslehrer unterrichten würde, die größtenteils begeisterte Maffay-Fans seien. Als sein Manager wäre er gewiss daran interessiert, wie meine Schüler Maffays Songs beurteilten. Und da der Rocksänger sich zum Glauben an Gott bekenne, wäre er sicher für ein Gespräch über religiöse Fragen aufgeschlossen.

Eine Brücke schlagen

Zu meiner großen Überraschung lud er mich zehn Tage später nach Köln ein, wo Maffay ein Konzert in der Kölner Sporthalle gab. Nachmittags gäbe es die Möglichkeit, ihn zu einem kurzen Gespräch im Dorint-Hotel zu treffen. Während ich voller Erwartung nach Köln unterwegs war und gerade über die Rheinbrücke fuhr, fragte ich mich, ob es mir wohl auch gelingen würde, eine Brücke zwischen dem Theologen und dem Rockstar zu schlagen. 1980 hatte Maffay den Song der DDR-Band *Karat* für sich entdeckt und gesungen:

„Über sieben Brücken musst du geh'n,
sieben dunkle Jahre übersteh'n.
Siebenmal wirst du die Asche sein,
aber einmal auch der helle Schein."

Würde ich nach der Begegnung mit dem Superstar die Asche oder der helle Schein sein? Als ich am selben Tag abends wieder nach Hause kam, sagte meine Frau: „Kaum warst du weg, hat Maffays Manager Sigi Niedergesäß angerufen. Er wollte dich bloß darauf aufmerksam machen, dass Peter Maffay dich schon nach wenigen Minuten abhängen würde, wenn ihm das Gespräch nichts brächte. Mit solchen Starallüren müsstest du rechnen." Wie sich herausstellte, schadete es unserer Begegnung jedoch gar nicht, dass diese Warnung mich zu spät erreichte.
Im Hotel wurde ich in einen vornehmen Salon geführt. Hier sollte ich auf Peter Maffay warten. Kurz darauf öffnete sich eine Flügeltür, und das Rockidol in Lederklamotten schritt zielsicher und selbstbewusst auf mich zu. Etwas misstrauisch musterten wir uns von oben bis unten und begrüßten uns dann mit einem kräftigen Händedruck. Das Eis begann zu brechen. Maffay spürte mein ehrliches Wohlwollen, und ich verstärkte diesen Eindruck, als ich ihm beteuerte: „Herr Maffay, ich komme nicht als kritischer Journalist, sondern als Bewunderer Ihrer Songs und möchte mich auch zum Sprachrohr meiner Schüler machen, die ein wenig hinter die Kulissen ihres Rockidols schauen möchten." Es wurde eine harmonische Begegnung, ohne Vorurteile und im gegenseitigen

Respekt. Nach einer halbe Stunde näherte sich behutsam sein Manager und flüsterte vernehmbar in Maffays Ohr: „Peter, die vorgesehene halbe Stunde ist rum. Die Jungs von der Band sind vollzählig da, und wir müssen für heute Abend den Soundcheck machen." Nur widerwillig ließ sich Peter, wie ich ihn jetzt anreden sollte, von unserer regen Unterhaltung ablenken und verschob den vereinbarten Soundcheck um eine halbe Stunde. Vorwurfsvoll schaute mich der Manager an und seine Musiker schüttelten den Kopf. Aber keiner wagte zu widersprechen. Je mehr ich mit all meinen Sinnen in seine musikalische und spirituelle Welt eintauchte und ihm das Gefühl gab, ganz bei ihm zu sein, desto offenherziger und persönlicher wurde er. Beim Abschied entschuldigte er sich für den abrupter Gesprächsabbruch und umarmte mich. Bald darauf ließ sich noch einmal sein Manager blicken, diesmal unerwartet höflich. „Peter hat Vertrauen zu Ihnen gewonnen", sagte er sichtlich erregt. „Jederzeit sind Sie willkommen und bei jedem Konzert sein persönlicher Gast."

So habe ich im Laufe der Jahre aufschlussreiche und seelsorgliche Gespräche mit dem Rockstar, seinen Musikern und Fans an etlichen Veranstaltungsorten geführt. Verständlicherweise wollte der suchende Rocksänger vor allem religiöse Probleme mit mir diskutieren, auf die ich mich in diesem Bericht konzentrieren will.

Faszination der Rockmusik

Um das Rockidol in seiner musikalischen Welt verstehen zu können, musste er mir diese magische Konzertatmosphäre näherbringen. „Rockmusik ist ein Lebensgefühl, ein Medium, in dem man bestimmte Lebenshaltungen ausdrücken kann", erklärte er. „Ich kann nicht malen und keine Gedichte schreiben, aber Musik machen und singen. Außerdem dient mir die Musik als Brücke zur Verständigung mit anderen Menschen. Hier kann ich meine Gefühle, Ängste, Hoffnungen und Sehnsüchte artikulieren. Wer meine Musik gut findet, identifiziert sich mit meinem Lebensgefühl. Ich habe viele Fragen und wenig Antworten."

Auf der Bühne verausgabt er sich oft bis zur totalen Erschöpfung. Dabei fallen ihm Bilder aus Afrika ein, wo Buschmänner zu rhythmischen Klängen stundenlang singen und tanzen – bis zur Ekstase: „Wenn ich oben auf der Bühne stehe und ein schönes Gefühl habe, ‚fliege' ich halt manchmal mit der Musik und spiele meine Gitarre mit geschlossenen Augen. Dabei komme ich oft ziemlich nahe an die Grenzen meiner Empfindungen. Das gilt für positive wie für negative Gefühle. Ich lebe mich zwei Stunden lang auf der Bühne aus. Für mich hat Rockmusik etwas mit Unabhängigkeit und Rebellion zu tun. Gerade junge Leute suchen sich ein Medium, das Aufmerksamkeit erregt, ihre Gedanken transportiert und ein Gemeinschaftsbewusstsein erzeugt. Das ist eben Rockmusik."

Ich begriff immer mehr die magische Anziehungskraft dieses Mediums Rockmusik, das seine Liedtexte transportiert, die bei den Fans ankommen. In den ersten beiden Jahrzehnten seiner Schaffensperiode waren religiöse Botschaften in seinen Songs noch eher enthalten als danach. Seine Plattenfirmen seien daran schuld, die Umsatzeinbußen bei besinnlichen Texten befürchteten. Aber gerade über diese religiösen Texte wollte Peter mit mir sprechen.

Der Friedenstraum darf niemals enden

Zu seiner Klientel gehören die Enttäuschten und Hoffnungslosen, die der Rocksänger ermutigen möchte:

„War ein Weg nach vorn in eine neue Zeit,
war ein Wort in aller Munde
und das Wort hieß Menschlichkeit.
War ein Lied, das hat allen neuen Mut und Kraft verlieh'n.
War ein Land, wo die Erfüllung dieses Traums noch möglich schien."[2]

Wo war dieses Land für Maffay? „Beim Singen dachte ich, dieses Land könnte Deutschland sein. Früher war es einmal ein Land voller Hoffnung. Ich bin in Rumänien aufgewachsen. Mein Vater stammt aus Ungarn und meine Mutter aus Siebenbürgen. Mit

---
[2] Aus: War ein Land, 1984.

meinen Eltern habe ich bis 1963 in Kronstadt am Nordrand der Karpaten gelebt und erfahren, was es heißt, wenn Menschenrechte beständig missachtet werden. Wir sind in die Bundesrepublik ausgewandert und gastfreundlich aufgenommen worden. Wir lebten hier gut. Zuerst schien alles verheißungsvoll. Der Zweite Weltkrieg lag weit hinter uns, das Land war wieder aufgebaut und der wirtschaftliche Aufschwung in vollem Gange. Man glaubte an Frieden und Gerechtigkeit. Und jetzt ist alles anders geworden. Das Schreckgespenst der Arbeitslosigkeit, der Umweltverschmutzung und der Kriege geht um. Mein Lied endet mit einem optimistischen Ausblick, mit einer Hoffnung: Ich glaube, man kann vieles abwenden, wenn man wirklich will. Dieser Traum darf niemals sterben, sonst gehen wir alle kaputt."
Diese Zeitanalyse ist immer noch aktuell. Heute appelliert der ehemalige Migrant auch an die islamischen Einwanderer, unsere Menschenrechte zu akzeptieren und sich zu integrieren.

Mit der Harley Davidson in die Kirche

Wenden wir uns einem Thema zu, das Maffays Leibarzt während eines Konzerts unter den Nägeln brannte.
Die Konzertbesucher wurden permanent musikalischen Wechselduschen ausgesetzt. Harte, fetzige Klänge lösten melodisch sanfte ab. Eben noch hatte das Raubein mit dem weichen Herzen glaubhaft

seine Sehnsucht nach Gott dargestellt. Im nächsten Akt spielte er den coolen Draufgänger und ungezügelten Freiheitshelden. Beides gehört zu seinem widersprüchlichen Wesen.

Born to be wild (Geboren, um wild zu sein) donnerte es von der Bühne. Die Musiker zogen alle Register, und Sekunden später ertönte dröhnendes Motorengeheul. Der Rocksänger steuerte mit nacktem Oberkörper seine schwere Harley Davidson *Wild Clide* auf die Bühnenbretter und brachte den „heißen Ofen" auf Hochtouren.

Neben mir sprach mich Maffays Arzt an: „Ich war früher mal ein sehr gläubiger Katholik. Inzwischen bin ich gleichgültig geworden. Drei meiner Brüder waren Jesuiten. Einer ist tödlich verunglückt." Und dann beschwor er mich geradezu: „Die Kirche muss umdenken, Ihr müsst die Jugend dort abholen, wo sie ist. Schauen Sie sich mal die Zuschauer an, wie sie mitgehen, wie eine Meeresbrandung. Wie eine Dünung schlagen Peter die Wellen der Sympathie und des Verstehens entgegen. Ich bin kein Rockfan, aber schon seit vielen Jahren Peters Freund. Was er sagt und singt, meint er ehrlich. Das macht ihn so menschlich. Wie Peter müsst Ihr Eure Botschaft in die Kirche als Angebot Gottes und nicht als Druckmittel rüberbringen. Auch der suchende Mensch möchte eine freiwillige Entscheidung treffen. Niemand fühlt sich von Peters Message vergewaltigt oder überrumpelt. Und die aggressiven Rocker holt er nachher hinter die Bühne, wo seine schwere Maschine steht. Dann unterhält er sich mit ihnen. Vielleicht sollten Sie auch mal mit einer Harley Davidson in die Kirche fahren." Ein heilsamer Rat an alle Prediger der christlichen Botschaft, der sich auch umsetzen lässt, ohne mit einer Harley Davidson in die Kirche fahren zu müssen. Solche Auftritte vollführt Peter Maffay heute auch nicht mehr.

„Die Natur ist für mich die größte Kirche"

Szenenwechsel: Der Rocksänger hat viele Facetten. Sehr ausgeprägt ist sein Harmoniebedürfnis zu seinen Mitmenschen, aber auch zur Natur. Vor Jahren hat er einmal gesungen:

„Vater Himmel, Mutter Erde führen mich durch diese Welt, trösten mich, wenn sonst keiner zu mir hält."

Wie er das meint, wollte ich von ihm wissen: „Die Natur ist für mich die größte Kirche und in ihr wird pausenlos eine Predigt gehalten. Wer mit offenen Augen die Natur betrachtet, kommt aus dem Staunen nicht mehr heraus. Ich habe die Antarktis, die um den Südpol liegenden Meeresgebiete bereist, bin wochenlang durch die eintönige Sandwüste der Sahara gefahren und wurde beeindruckt von den kanadischen Wäldern. Mich fasziniert die Vielfalt der Natur, die unglaubliche Schönheit der Pflanzen- und Tierwelt. Wenn man das alles beobachtet und in sich aufnimmt, kann man Gott sehr nahe sein. Hier findet laufend ein Gottesdienst statt."
Dazu wollte ich aus biblischer Sicht Stellung neh-

men: „Peter, mich beeindruckt deine Fantasie und Ehrfurcht vor der Natur. Der Apostel Paulus schrieb vor 2.000 Jahren an die christliche Gemeinde in Rom: ‚Weil Gott die Welt erschaffen hat, können die Menschen sein unsichtbares Wesen, seine ewige Macht und göttliche Majestät mit ihrem Verstand an seinen Schöpfungswerken wahrnehmen. Sie haben also keine Entschuldigung' (Röm 1,20). Die wunderbare Schöpfung spiegelt den Schöpfer wider, ersetzt ihn aber nicht. Wenn ein Mensch sinnvoll leben will, braucht er meiner Meinung nach nicht nur ein harmonisches Verhältnis zu sich selbst, seinen Mitmenschen und der Natur, sondern vor allem auch zu dem Schöpfer all dessen." Der Rocksänger hörte aufmerksam zu und sagte: „Ich bin atheistisch erzogen worden und habe mir irgendwann die Frage gestellt: Woher bekommst du eigentlich die Kraft zum Leben? Außerhalb von mir muss es eine Kraftquelle geben, die Energien erzeugt und freisetzt. Diese Lebensenergie ist für mich Gott, an den ich glaube. Wenn ich das Gefühl habe, dass niemand mehr da ist, der mich versteht, dann gibt es immer noch eine Tür, die offen ist."

„Wenn es dich gibt, zeig uns deinen Weg"

Es war bei einem Rockkonzert in der Münchener Olympiahalle. Backstage in der Garderobe stellte mir Peter Maffay seinen väterlichen Freund und Veranstalter Fritz Rau vor. Der allgewaltige „Rockpapst

Europas" drückte seine Hochachtung aus, dass ein Geistlicher sich in die Rockmusikszene wage und voll dabei sei. Zwei Stunden später stand Peter auf der Bühne und sang: *Lieber Gott*. Gedämpftes, wohltuendes Bühnenlicht, zur Meditation anregende getragene Rhythmen und melodisch einprägsame Klänge ließen eine andächtige Stimmung aufkommen:

„Ich such das Licht, das die Flamme entfacht.
Wer führt mich durch die dunkle Nacht?"

Peters Worte wirkten auf mich wie ein herzzerreißender Hilfeschrei. Einige Fans erhoben ihre Hände, andere zündeten Wunderkerzen an. Peter sang geradezu inbrünstig:

„Wenn das Schweigen mich umgibt, wird ein Lied zum Gebet und ich warte so auf eine Antwort ..."

Nach seinem Bühnenauftritt wollte ich von Peter wissen, welche Erfahrungen, er mit diesem Lied gemacht habe. „Als dieses Lied herauskam", antwortete er, „haben mir einige Schlaumeier vorgeworfen, jeder Interpret im Musikgeschäft würde nach geraumer Zeit zwangsläufig auf die ‚religiöse Schiene rutschen' (eine grauenhafte Formulierung), so wie es auch Bob Dylan, Eric Clapton und John Lennon ergangen wäre. Obwohl dieses Lied aus dem Rahmen fällt und meine Plattenfirma gegen eine Veröffentlichung war, habe ich meinen Kopf durchgesetzt, weil die Aussage für mich sehr wichtig ist. Wenn wir dieses Lied vortragen, kommt es mir – so komisch es klingt – immer wie eine Andacht vor. Ich staune jedes Mal aufs Neue, wie intensiv die Konzertbesucher darauf eingehen. Wenn wir es gemeinsam singen, verschmelzen wir – die Musiker auf der Bühne und die Leute in der Halle – zu einer Gemeinschaft. Wir hängen wenigstens fünf Minuten lang einem bestimmten Gedanken sehr intensiv nach. Ich will meinen Freunden mit diesem Lied ein Geschenk machen und freue mich über die herzlichen Reaktionen darauf. Auf meine Art versuche ich, darauf aufmerksam zu machen, dass es Gott gibt, auch wenn man gewisse Formen der Religionsausübung ablehnt und nicht in die Kirche geht. Aber dieser Glaube an Gott erzeugt viel Bereitschaft, positiv miteinander umzugehen, aufeinander Rücksicht zu nehmen und verhärtete Verhaltensweisen wieder abzulegen. Ich bin kein geschulter Prediger und kann nicht sagen: ‚Freunde, es gibt Gott.' Ich möchte es bescheidener formulieren: ‚Lieber Gott, wenn es dich gibt, zeig uns deinen Weg …' Dann fühlt sich niemand manipuliert und jeder kann eine eigene Glaubensentscheidung treffen."

Kommt diese musikalische Botschaft heute im Jahr 2019 noch an? Ich surfte im Internet und fand auffallend viele Fans von früher und heute, die auf *Youtube* diesen Song hören, herunterladen und begeistert kommentieren:

„Peter, du bist der absolute Hammer und dieses Lied ist nicht zu toppen!!!"

„Du singst mir aus dem Herzen. Danke, lieber Gott, für dieses sehr schöne Lied."

„Dieser Song passt gerade in die heutige Zeit."
„Superschönes Lied. Da bekommt man richtig Gänsehaut."
„Peter, du warst und bleibst das größte Idol."
Wiederholt heißt es auch: „Im Religionsunterricht haben wir darüber gesprochen. Seitdem höre ich es mir immer wieder an und kann es auswendig mitsingen."

„Wer wirft den ersten Stein?"

Die Sehnsucht spricht der Rocksänger fast in jedem Lied an. Ich legte den Schwerpunkt auf die Sehnsucht nach Gott, die irgendwann in jedem Menschen aufbricht. Bei Maffay hört sich das so an: „Brich dein Schweigen und lass uns nicht allein …" Die Bibel bezeugt, dass Gott sein Schweigen gebrochen hat und sich auf dieser Erde in der Person Jesu Christi vorgestellt hat. Dazu bemerkte Peter: „Ich kann mir über Jesus kein Urteil bilden, weil ich mich in der Bibel nicht auskenne. Im Übrigen ist das biblische Wissen für mich unbedeutend, solange es nicht in die Tat umgesetzt wird. Mich interessiert brennend, wie man Zuneigung, Harmonie und Liebe entwickeln kann, wenn man an Gott glaubt." Dazu fiel mir sein Lied ein *Wer wirft den ersten Stein*. Darin heißt es:

„Verurteilt. Das ist oft sehr schnell gescheh'n,
und viele schrei'n:
,Er hat gesündigt. Steinigt ihn!'"

Diese Gedanken gehen auf eine biblische Geschichte zurück. Die heuchlerischen Pharisäer und Schriftgelehrten wollten nach ihrem Gesetz eine Frau steinigen, die Ehebruch begangen hatte. Und Jesus sagte zu ihnen: „Wer von euch noch nie eine Sünde begangen hat, soll den ersten Stein auf sie werfen" (Joh 8,7). So handelt Jesus nach seiner Devise: „Mensch, ich meine es gut mit dir." Eindrucksvoller kann gegenseitige Zuneigung nicht ausgedrückt werden. „Peter, der von dir verehrte Bob Dylan hat es nach seiner Bekehrung in einem Lied so ausgedrückt: ‚Da ist ein Mann am Kreuz, und er ist für dich gekreuzigt. Glaube an seine Kraft, sie reicht aus, um bestehen zu können.' Habe ich zu fromm geredet?" Peter war ganz dabei und sagte: „Ich kann schon etwas damit anfangen. Jesus hat gelebt. Ich betrachte ihn mehr als eine historische Gestalt und weniger als eine Person, die für mich gekreuzigt worden ist. Aber ich bin nicht zu blind, um zu sehen, wie viele Menschen aus dem Glauben an Christus Kraft zum Leben und Überleben beziehen."

In einem anderen Gespräch bekannte Maffay: „Jesus bedeutet mir viel. Es ist ein Riesengeschenk zu leben, ohne nach der Berechtigung zu fragen, ob man leben darf oder nicht. Christus ist dieses große Ausrufungszeichen. Die Chance, das Leben sinnvoll hinzukriegen."

„Hinter jeder Tür steckt ein Geheimnis"

Der suchende Rockstar hat einmal gesungen: *In mir brenni die Neugier, alles zu entdecken, was ich noch nicht kenn'.* Seine Songs spiegeln weitgehend seine existenzielle Betroffenheit wider. Das kommt auch in seinem Lied *Hinter jeder Tür steckt ein Geheimnis* zum Ausdruck.

„Und dann viel später stehst du vor deiner letzten Tür.
Doch was kommt dann. Dort kann die Ewigkeit und dort kann auch das Ende sein.
Doch bist du bereit für den letzten Schritt, der bleibt?"

Unmissverständlich gab er zu verstehen: „Für mich ist Gott existent, und er ist auch die Triebfeder meines Lebens und meines musikalischen Schaffens – bis zum Ende meines Lebens."
Höhepunkt und Abschluss einer seiner komplett ausverkauften Konzerttourneen fand in der Frankfurter Festhalle statt. Ich besuchte Peter eine Stunde vor seinem Bühnenauftritt in der Garderobe. Wie immer waren wir im regen Gespräch über Gott und seine Welt, als es heftig an der Garderobentür klopfte. Peter überhörte die ständig wiederholenden Klopfzeichen, die ihn zum Aufbruch ermahnen sollten, denn er hätte längst auf der Bühne stehen müssen. Vorher aber wollte er von mir noch wissen, warum ich Christ sei. Während der Klopfgeräusche kam mir

spontan der von Maffay geschätzte britische Popstar Cliff Richard in den Sinn, der mir mal erzählte, wie er Christ geworden sei. Auf der Suche nach Gott habe er verkleidet einen Gottesdienst besucht und sei in der Predigt innerlich ergriffen worden von dem Wort Jesu: „Siehe, ich stehe vor der Tür und klopfe an. Wenn jemand meine Stimme hört und öffnet, werde ich bei ihm einkehren. Ich werde mit ihm das Mahl halten und er mit mir" (Offb 3,20). Ich sagte zu Peter: „Wie dein Manager vor der Tür stehen bleibt und die Tür erst öffnen würde, wenn du ihm ein Zeichen gibst, so steht Jesus vor unserer Herzenstür und möchte uns mit seiner Gegenwart und Zuwendung beschenken, wenn wir dazu bereit sind und ihm vertrauen. Aber er drängt sich uns nicht auf, weil Liebe nicht erzwungen werden kann." Peter blieb trotz erwartungsvoller Fangesänge in der Festhalle die Ruhe in Person und fragte ganz cool: „Warum gerade Jesus Christus?"
Wiederum fiel mir eines seiner ältesten Lieder ein, nämlich *Woran glaubst du*. Im Refrain singt er:

„Wer erträgt mich, wenn ich mich
selbst nicht ertragen kann?
Wer verzeiht mir, wenn ich mir
selbst nicht verzeihen kann?
Wer nimmt mir die Angst,
wenn ich mir selbst die Angst
nicht nehmen kann?"

Ich zitierte diese drei existenziellen Fragen, auf die

der Rocksänger auch keine Antwort wusste. Dann bekannte ich ihm, ein wesentlicher Grund, warum ich Christ bin, sei meine Erfahrung, dass durch mein persönliches Vertrauensverhältnis zu Jesus diese quälenden Fragen immer wieder beantwortet werden. Sekundenlanges Schweigen. Der Rockstar stand wortlos auf, schaute mir fragend, aber auch dankbar in die Augen und ließ seinen Manager eintreten. Tosender Beifall brandete auf, als Maffay im Rampenlicht erschien und seine Fans begeistert begrüßte. The Show must go on.
Ein Jahr später entdeckte ich sein neues Lied *Der Weg*, und den Text empfand ich als Echo unseres letzten Glaubensgesprächs:

„Du bist die Liebe, die in mir wohnt.
Ein König, der im Herzen thront.
Ich kann dir im Zweifel noch vertrau'n
und jeden Tag neu auf dich bau'n."

In einem Interview mit der Neuen Osnabrücker Zeitung bekannte der 67-jährige Peter Maffay, er habe durch den 17-jährigen gläubigen Fan Albert, der einen schweren Unfall überstanden hatte, einen neuen Anstoß zum christlichen Glauben bekommen. Er erbat von ihm ein „Kruzifix, das man sehen könne, wenn man bei mir zum Tor reinkommt oder das Haus verlässt". Das schön geschnitzte Holzkreuz habe Albert auch von seinem Pastor segnen lassen.

Udo Lindenberg (*1946)

Hinter dem Horizont geht's weiter

Deutschlands ältestes Rockidol Udo Lindenberg fand es witzig, dass ein Typ wie er 70 Jahre (17. Mai 2016) alt wird. Er hatte nicht damit gerechnet; hatte gedacht, „mit 50 sei dann Feierabend für einen ordentlichen Rock 'n' Roller nach den ganzen Exzessen und so". Diesen mysteriösen Mr Coolman habe ich Mitte der Achtzigerjahre hinter den Kulissen der Rockbühne kennengelernt. Bis heute hat sich seine Lebensphilosophie nicht verändert, auch nicht in Bezug auf seine Gottesvorstellung, die mich besonders interessierte.

Ich traf den Rocker während seines Konzertes in

der Siegener *Siegerlandhalle* 1987. Über eine Stunde vor Konzertbeginn saß ich dem Altrocker in der Umkleidegarderobe gegenüber. Udo Lindenberg in Röhrenhose, schwarzem T-Shirt und mit Mayser Hut begrüßte mich im Nuschelton wie einen alten Kumpel. Er fand es cool, mit einem Theologen über Gott und seine Welt offen zu reden, was nicht alle Tage vorkäme. Wir waren gleich beim Thema. Der Revoluzzer prangerte die gesellschaftliche Misere an. In seinem Song *Sündenknall* heißt es: „Früher war die Welt ein riesiger Garten für Adam und Evi und überhaupt für jeden", dann kam der „Trouble im Paradies", und am Ende heißt es: „Die Menschheit dachte sich: ‚Jetzt erschaffen wir Gott. Jetzt sind wir selber Gott.'"

Interview mit Gott zur besten Sendezeit

Der selbst ernannte Panik-Präsident macht sich seit eh und je zum Sprachrohr orientierungsloser, frustrierter Menschen, die nicht mehr wissen, was sie wollen und wohin die Reise geht. Stellvertretend für sie klagt er Gott an: „Wir rufen seinen Namen, doch er hört uns nicht ..." Dieser Entsetzensschrei zieht sich wie ein roter Faden bis heute durch seine Songs hindurch. 2008 machte der verzweifelte Gottsucher einen Song über ein *Interview mit Gott* „gleich nach dem Werbeblock" über dessen Comeback in diese Welt: „Wenn du doch der liebe Gott bist, warum schickst du keine Schutzengel runter in den Sudan,

wo die Leute krepieren." Sechs Jahre später griff er die Gottesfrage wieder auf in seinem Song *Gott, wenn es dich gibt* (2014). In seiner Hilflosigkeit fleht er: „Gib mir die Power. Ich will dafür steh'n, die Welt zu verändern. Das muss doch geh'n."
Ratlos schaute er mich an und beklagte seine Rolle als Einzelkämpfer auf dem Schlachtfeld der machtbesessenen Politiker, Wirtschaftskonzerne und Wissenschaftler, deren egoistischen Interessen die Volksmassen zum Opfer fallen. In seinen Songs wechseln Fantasien von Gottes Allmacht mit Ohnmachtsgefühlen, Wahn und Wirklichkeit, Lebensgier und Sehnsucht nach Geborgenheit, zwischen Gott und Teufel, mit dem er auch sympathisiere.

„Sympathie für den Teufel"

In Anlehnung an den Welthit der Rolling Stones *Sympathy For The Devil* singt Udo in seinem Lied *Sympathie für den Teufel:*

„Erlauben Sie, dass ich mich vorstell'.
Ich bin ein Mann von Welt und Stil.
Ich gehe um seit einer Ewigkeit,
raube Seelen, kenne kein Gefühl.
Ich war da, als Jesus voller Zweifel war und rief in seiner Qual.
In vielen Kriegen war ich Panzergeneral ...
Was mich irritiert, ist mein Handeln ohne Sinn."

„Wer sagt uns noch, wo's langgeht?" Diese quälende Frage stellte Udo in den Raum. In unserem Gespräch erzählte er von seiner Begeisterung für Martin Luther King und Gustav Heinemann, die mit Zivilcourage und Leidenschaft für menschenwürdige Verhältnisse kämpften. Ich erzählte ihm von meinem Interview mit dem Bundespräsidenten Heinemann, der mir bekannte, Jesus sei für ihn der Weg, die Wahrheit und das Leben. Udo war sichtlich beeindruckt und sagte: „Auf Jesus habe ich immer große Stücke gehalten, weil ich seine Botschaft für ganz wichtig halte. Aber ich finde es ziemlich traurig, dass die Menschen aus dieser Möglichkeit so wenig gemacht haben."

„Scheinchristen sind so abgeschlafft"

In einem unveröffentlichten Lied stellt sich Udo vor, Jesus käme zurück auf die Welt und würde dieselben Wunder tun wie damals:

„Wenn das nicht passiert, und zwar möglichst bald,
dann ist das Loblied bald verhallt.
Dann wird die Kirche abgeschafft.
Scheinchristen sind so abgeschlafft ..."

Mit der Institution Kirche und ihren Ritualen konnte der getaufte und konfirmierte damals Achtzehnjährige nicht viel anfangen und trat aus. Aber Jesus ließ ihn nicht los. Jesus, der sich den „kranken

Weihnachtszirkus hier unten" angeschaut und gedacht haben muss: „Diese traurigen scheinheiligen Christen, lamettabehangene Alibi-Abholer einmal im Jahr, wie soll ich das bloß wieder meinem Vater klarmachen?" (Weihnachtsgruß 2014 auf seiner Facebook-Seite).

„Was willst du mit deinen provokativen, oft anstößigen Botschaften eigentlich erreichen?", fragte ich ihn. Udo antwortete unmissverständlich: „Das sind satirische Songs, finstere Fiktionen, menschliche Vorstellungen, mit denen man spielen kann. Ich will erreichen, dass beim Zuhören aus dem makabren Spaß ein heilsames Erschrecken wird, eine existenzielle Betroffenheit. Was machen wir eigentlich? Was ist das für eine Art von Narrentanz, auf den wir uns eingelassen haben und an dem wir beteiligt sind? Für mich ist die Form der Satire ein geeignetes Mittel, um inflationierte Themen wieder zur Sprache zu bringen. Wenn man normal darüber redet, schrauben sich die Leute die Ohren ab."

Udo sympathisierte mit der 68er-Studentenrevolte. Ich erwähnte mein mitternächtliches Gespräch mit dem geistigen Vater dieser revolutionären Bewegung, Max Horkheimer, der mir kurz vor seinem Tod sagte: „Die Rebellion der heutigen Jugend ist letztlich ein Zeichen der ungestillten religiösen Sehnsucht." – „Das kann ich verstehen", stimmte Udo mir zu, „weil es immer weniger Geborgenheit in unserer Gesellschaft gibt. Jeder Mensch braucht einen inneren Halt."

„Beim Gebet falte ich auch ganz brav die Hände"

Aufgehoben fühlte sich der Panikrocker eigentlich nur bei seiner bereits in den Siebzigerjahren verstorbenen Mutter Hermine. Sie sei die einzige Frau gewesen, die er in seinem Leben geliebt und der er völlig vertraut habe. Fühlt er sich vielleicht selbst wie der kleine Junge in seinem gleichnamigen Lied, der seiner Mutter viele quälende Fragen stellt, wie: „Was ist mit Gott?" Und seine Mutter antwortet: „Der hat den Himmel zugemacht, ist abgereist, ist ganz weit weg und kümmert sich 'n Dreck."

„Glaubst du an Gott?" Udo fand meine Frage nicht ungewöhnlich und antwortete: „Da ich so realistisch wie möglich an alles herangehe, sag ich: Es kann sein, dass es Gott gibt. Ich weiß es nicht so genau. Manchmal hab ich irgend so ein Gefühl, eine Ahnung. Wenn ich durchhänge, brauche ich mehr Halt, irgendeine Art von Trost. Dann merke ich, dass ich bereiter bin, mich auf Gott einzulassen."

In einem anderen Interview bekannte er: „Ja, ich hab gebetet, als ich mal kurz vorm Jordan stand oder als liebe Freunde in die ewigen Jagdgründe rüberwechseln mussten. Ich glaube, dass es Hilfe und Kraft von oben gibt. Beim Gebet falte ich auch ganz brav die Hände und sage: ‚Du, Gott, für den Fall, dass es dich gibt, zeig dich bitte mal in deiner Allmacht – jetzt wär 'ne gute Chance! Amen.'"

Im Penthouse des Lebens – eine Etage höher

Für Udo geht das Leben hinter dem Horizont weiter. Seine verstorbenen Freunde wohnten jetzt im Penthouse des Lebens, sagte er, eben eine Etage höher. „Die Verbindung bleibt auf jeden Fall bestehen. Man kann nicht ewig durchhängen. So wollen mich meine Eltern sehen, die inzwischen auch dort oben sind."

Die Überzeugung, dass „hinter dem ganzen Sein mehr steckt als ein biologischer Vorgang", mache ihm seine Verantwortung bewusst: „Wenn mir dann später jemand die Rechnung präsentiert und sagt: ‚Also, Udo, du hattest Möglichkeiten, die Leute haben dir zugehört. Hast du den Leuten die Wahrheit gesagt. Warst du ehrlich?' Und wenn ich dann auf so 'ne richtige Schmalzproduktion zurückblicken müsste, Mensch, das wäre Scheiße."

Stiller Zuhörer bei diesem offenherzigen Glaubensgespräch war sein bulliger glatzköpfiger Bodyguard Eddy Kante, der sich Udos Namen auf seinen Oberarm tätowieren ließ und für sein Idol durchs Feuer gehen würde. Aber jetzt wurde es ihm langsam zu bunt. Solche frommen Sachen aus dem Munde seines Idols zu vernehmen, ließ ihn explodieren: „‚Wir brauchen keinen Führer', singst du doch. Was soll dieser fromme Quatsch?" Neben ihm stand der allmächtige Rockpapst und Konzertveranstalter Fritz Rau. Ziemlich ungehalten reagierte er: „Eddy, auch du kommst nicht an Gott vorbei." Eddy verstand die Welt nicht mehr und entschloss sich zu schweigen.

Zwei wie Blitz und Donner

Schon seit geraumer Zeit lagen auch die Nerven bei seiner langjährigen Wegbegleiterin, Privatsekretärin und Garderobenfrau Gabi blank, denn Udos Bühnenauftritt war dran, aber er musste noch sein Outfit wechseln. Das interessierte den gesprächigen Panikrocker überhaupt nicht. In ihrer Verzweiflung ergriff sie selbst die Initiative und wechselte seine Röhrenjeans gegen eine knallige Leopardenhose. Und er ließ alles mit sich geschehen. Untenherum war geschafft, aber obenherum musste das T-Shirt auch getauscht werden. Jetzt schrillten die Sirenen, denn seinen Hut durfte auch Gabi nicht abnehmen. Udo schaute mich hilflos an. Ich verstand das Notsignal, schaute auf seine Gürtelschnalle mit der Aufschrift „Panik" und sagte: „Udo, ich verschwinde jetzt. Unser Gespräch können wir nach dem Konzert fortsetzen." Gabi atmete erleichtert auf. Fünf Wochen später starb seine erst 33 Jahre alte langjährige Weggefährtin an einer überdosierten Mischung von Tabletten und Alkohol. Wenige Wochen später saß der trauernde Panikrocker in einem Hotelzimmer am Timmendorfer Strand. Da kam ihm die Idee zu dem Song *Hinterm Horizont geht's weiter*. Udo und Gabi Blitz, so ihr vollständiger Name, waren ein Paar wie „Blitz und Donner", wie es im Lied heißt. Es geht weiter, auch nach dem Tod, hinterm Horizont, dessen ist sich Udo sicher.

Gerhard „Rocky" Bauer (1926–1987)

Vom Saulus zum Paulus auf St. Pauli

Wenn Sie auf der Reeperbahn nachts um halb eins Rocky begegnet wären, hätten Sie wahrscheinlich einen furchtbaren Schreck bekommen. Das exotische Aushängeschild auf St. Pauli in Hamburg sorgte zwanzig Jahre lang als Rockerkommandant für Aufsehen. Rocky mit Irokesenhaarschnitt, von Kopf bis Fuß tätowiert, in einem schwarzen ledernen, mit Nieten und Ketten besetzten Kampfanzug, passte in dieses Rotlichtmilieu wie die Faust aufs Auge. Als Udo Lindenberg ihn auf der Reeperbahn zum ersten Mal sah, entschied er: „Diesen Typ muss ich unbedingt kennenlernen." Die beiden freundeten sich an, und der Rocksänger präsentierte den exotischen Punker als Sänger und Animateur auf der Bühne. In seinem abendfüllenden Spielfilm *Panische Zeiten* ließ er Rocky als Kulturminister auftreten und tourte mit ihm und seinem Panikorchester fast zehn Jahre durch Deutschland. In seiner letzten Show *Götterhämmerung* in Berlin spielte er den Satan, Udo den Papst und leichte Mädchen die Nonnen. Nach der Vorstellung brach Rocky zusammen und wurde ins Krankenhaus eingeliefert. Die Diagnose lautete: Krebs, unheilbar. Um die Diagnose zu verarbeiten und die mit starken Schmerzen einhergehende Krankheit zu ertragen, rutschte Rocky in die Heroin-Abhängigkeit. Noch einmal rappelte er sich auf, war aber nicht mehr bereit, den Leibhaftigen zu spielen.

Krankenhausbesuch bei dem Todgeweihten

Wenige Wochen vor seinem Tod bekam ich einen Anruf mit der dringenden Bitte, Rocky, den Todgeweihten, im Krankenhaus Hamburg-Eppendorf noch einmal zu besuchen. Sein Ansprechpartner Michael Ackermann machte mir keine Hoffnungen, denn Gerhard Bauer, so sein bürgerlicher Name, habe im letzten Stadium Prostata-, Haut-, Knochen- und Lungenkrebs und sei kaum noch ansprechbar. Dennoch beschloss ich aus einem inneren Drang heraus, an einem ungemütlichen kalten Samstag im März von Siegen nach Hamburg zu fahren. Fünf Stunden später saß ich an Rockys Krankenbett. Der Irokesenkamm war abrasiert, den voll tätowierten Körper bedeckte ein weißes Nachthemd mit dem Abzeichen *Jesus lebt*. Sein liebevoller Blick überwältigte mich auf Anhieb und der Klang seiner wohltuenden, sonoren Stimme war vertrauenerweckend. Sofort fühlten wir uns brüderlich verbunden. Rocky äußerte sehr bald den Wunsch, vor seinem Heimgang in den Himmel noch einmal sein Leben ohne und mit Gott, sozusagen als Vermächtnis, Revue passieren zu lassen. Ich kam mir vor wie ein Seelsorger im Beichtstuhl und schaltete mein Aufnahmegerät ein. Bis heute haben Zehntausende Menschen dieses Interview auch im Internet gehört.

Fünfzackige Satanssterne ins Gesicht tätowiert

Zunächst kreisten seine Gedanken um Berlin, wo er 1926 geboren und in einem nationalsozialistischen, autoritären Elternhaus aufgewachsen war. Nach Kriegsende wollte der Arbeitslose seiner Verlobten imponieren, indem er für die Franzosen in der sowjetischen Besatzungszone als Fluchthelfer agierte, was ein lukratives Geschäft war. Doch er wurde von den Russen erwischt und zu lebenslanger Freiheitsstrafe verurteilt. Nach sechsjähriger Haft im Bautzener Zuchthaus, wo er auch mit der Tätowierung seines Körpers begann, wurde er 1957 begnadigt. Keiner erwartete den entlassenen Strafgefangenen, der schmerzlich erfahren musste: Sein Vater war von den Russen erschossen worden, seine Mutter vor einem halben Jahr gestorben und seine Verlobte hatte einen anderen Mann geheiratet. Rocky ließ sich als Krankenpfleger ausbilden und arbeitete voller Hingabe mit schwerbehinderten Kindern, denen er seine ganze Liebe schenken wollte. Aufgrund seiner Tätowierungen wurde er 1964 entlassen und landete in einer kriminellen Rockerszene. Als Aufnahmeritual wurden ihm zwei fünfzackige Satanssterne ins Gesicht tätowiert und die schwarze Ledermontur war sein antipriesterliches Gewand. Die Rocker feierten schwarze Messen und beteten Totenköpfe an. Hier fand er Anerkennung und stieg als Rockerkommandant auf. Besessen von der bösen Macht, ließ er seinen ganzen Körper vorwiegend mit satanischen Symbolen tätowieren. Mit seinen Kumpels beging er Einbrüche und Diebstähle sowie Schlägereien, auch mit Todesfolge. Er kam mit einer zweijährigen Bewährungsstrafe davon. Nebenbei betrieb Rocky ein lukratives Sadomaso-Studio, in welchem vor allem die Hamburger Prominenz sexuelle Befriedigung fand.

Was Gott aus einem Teufelskerl macht

Rocky entschied sich 1974, mit seiner kriminellen Vergangenheit zu brechen, und fing an zu singen, und die Plattenindustrie entdeckte ihn. Deutschlandweit wurde er durch seinen Besuch in der *NDR*

Talk Show bekannt und auch von Udo Lindenberg entdeckt.

Zurück zu Rocky und mir auf der Krankenstation. Nun hatte sich der Schwerkranke schon eine halbe Stunde lang den ganzen Kummer von der Seele gesprochen und erstaunlicherweise immer noch die nötige Luft zum Atmen. Woher nahm er nur die Kraft dazu? Für Rocky ein Wunder Gottes.

„Wie gerne würde ich die in meinen ganzen Körper eingeritzten teuflischen Spuren wegwischen wie einen Tafelanschrieb", seufzte er. „Aber heute trage ich sie zur Ehre Gottes, denn jeder soll sehen, was Gott aus einem solchen Teufelskerl gemacht hat."

Nun wollte ich wissen, wie es dazu kam, dass aus „Saulus" ein „Paulus" wurde, aus einem aggressiven Christenverfolger ein Botschafter Jesu Christi. Als der krebskranke Rocky mal wieder auf dem Hamburger Kiez herumlungerte, kam er zufällig an einer christlichen Pantominengruppe vorbei, wo ihn ein junger Mann ansprach: „Sag mal, wie zerrissen musst du sein, dass du so jämmerlich herumläufst. Darf ich für dich beten?" Als Rocky mir das erzählte, atmete er erleichtert auf: „Ich habe es geschehen lassen und spürte ganz mächtig eine ganz andere ungeheure Kraft und eine Gottnähe wie nie in meinem Leben. Ich ließ mich einladen ins Jesus-Center und in einen Gottesdienst der evangelisch freikirchlichen Gemeinde in Hamburg Altona, wo ich zum ersten Mal ein Zuhause gefunden habe. Hier konnte ich meine Maske ablegen, den Kampfanzug ausziehen und wieder Mensch sein." Rocky bekehrte sich und ließ sich taufen. Sein Taufspruch lautete. „Ich wandte mich an den Herrn und der Herr antwortete mir. Er befreite mich von allen meinen Ängsten" (Psalm 34).

Einfühlsamer Seelsorger für das Rotlichtmilieu

In den darauffolgenden Monaten beglich er seine Schulden, bat seine Feinde um Vergebung und bekannte vor Huren und Zuhältern, dass sein Glaube an Jesus Christus einen neuen Menschen aus ihm gemacht habe. Überall in den Kneipen, Spielhöllen und Bordellen auf der Reeperbahn staunendes Entsetzen. Auch sein Freund Udo Lindenberg konnte es nicht fassen. „Udo ruft mich jetzt oft im Krankenhaus an und will vorbeikommen", bemerkte er. Als ich an seinem Krankenbett saß, besuchten ihn vier Rocker und wollten sich beraten lassen. Im letzten Jahr seines Lebens wurde er zum Seelsorger für langjährige Kumpanen, etliche Alkohol- und Drogensüchtige und Prostituierte. Selbst Ärzte und Krankenschwestern schütteten an seinem Krankenbett ihr Herz aus und suchten seinen Trost, sogar nachts.
Zum Schluss beschwor er in seiner Lebensbeichte ungläubige Freunde und Feinde wie ein vollmächtiger Prediger, der um deren Seelenheil ringt. Und am Ende betete er: „Herr, du hast mich in dieser Stunde durch deinen Heiligen Geist geleitet und mir Kraft gegeben. Du wirst der Lebendige bleiben in alle Ewigkeit. Früher war der Tod für mich Furcht

und Schrecken. Heute ist es ein Heimgehen zu dir. Dafür danke ich dir, Amen."

„Du kannst seine Hand ergreifen"

Seine Tage waren gezählt. Am 4. Januar 1987 fiel der irdische Vorhang. Rocky, alias Gerhard Bauer, starb mit den Worten: „Vater, ich komme jetzt zu dir!" Die Todesnachricht schlug wie eine Bombe im Rotlichtviertel ein. Die Prostituierten hängten die Todesanzeige in ihre Schaufenster.
Die Trauergemeinde hatte sich in der voll besetzten Heimatgemeinde des Verstorbenen mit dem aufgebahrten schlichten Sarg im Altarraum versammelt. Ich stand auf der Kanzel und sah in die betrübten, angsterfüllten Gesichter, besonders der bunten Gestalten und Exoten von der Reeperbahn auf St. Pauli, die eine Leuchtfigur verloren hatten. Meine Christusbotschaft endete mit Rockys eindringlichen Worten aus seiner Lebensbeichte auf Tonband: „Jesus ist für uns alle lebendig und unter uns. Du kannst seine Hand ergreifen – jetzt in diesem Augenblick. Du brauchst nicht dein ganzes Leben so zu vertun wie ich. Ergreif seine Hand. Er streckt sie dir hin. Ich habe diese Hand ergriffen und seine Kraft erfahren ..." Atemlose Stille. Nur Gottes Geist erfüllte die Kirche. Frauen, aber auch Männer aus dem Rotlichtmilieu fingen an zu weinen, umarmten sich oder schauten betroffen.
Bevor der Sarg hinausgetragen wurde, sprach mich

Elli Pirelli, Lindenbergs Vertraute aus dem Panikorchester, an. „Udo wäre so gerne dabei gewesen", sagte sie. „Aber er muss heute Abend in Köln bei *Boulevard Bio* singen. Dann machte sie mich aufmerksam auf seinen Kranz mit dem Abschiedsgruß auf der Schleife: „Unserm lieben Rocky. Udo und die Panikfamilie."
Auf seinem Sterbebett hatte mir Rocky gesagt: „Ich bete für meinen Freund Udo, dass Gott ihm genauso wie mir die Augen öffnen möge, um seine Kraft und Liebe über den Tod hinaus zu erfahren." *Hinterm Horizont geht's weiter.*

Fritz Rau (1930–2013)

Der Rockpapst und die Erlösungsmacht der Musik

Möchten Sie hinter die Kulissen des erfolgreichsten Konzertveranstalters schauen, der 50 Jahre lang weit über 6.000 Mammutkonzerte in den größten Sportarenen und Konzerthallen Europas veranstaltet hat? Und möchten Sie wissen, welche Superstars der Pop- und Rockkultur aus aller Welt seiner Einladung gefolgt sind? Ich nenne nur einige Musiklegenden: die Rolling Stones, Jimi Hendrix, Michael Jackson, Charles Aznavour, Bob Dylan, Marlene Dietrich, Ella Fitzgerald, Madonna, Prince, Eric Clapton, Rod Stewart, Harry Belafonte, Frank Sinatra und natürlich die deutschen Sänger Udo Jürgens, Udo Lindenberg und Peter Maffay.

Rock'n'Rau forever

Sie wissen schon, wen ich meine. Natürlich Fritz Rau. „You are the Godfather of us all", „Du bist unser aller Pate", sprach Mick Jagger von den Rolling Stones begeistert in den Achtzigerjahren. Rock'n'Rau forever. Es lebe Fritz Rau in aller Ewigkeit. Die Rolling Stones rocken immer noch. Aber Fritz Rau ist nicht mehr unter den Lebenden. Seinen 80. Geburtstag feierte er noch mit 2.500 ausgewählten Gästen in der Frankfurter Alten Oper. Drei Jahre später, am 17. September 2013, nahmen die Großen des musikalischen Showbusiness endgültig Abschied von ihrem Rockpapst. In der Gedenkfeier sagte Udo Lindenberg mit stockender Stimme: „Ein letztes Ahoi, mein Abenteurer-Freund und großer Bruder Fritz Rau. Du warst immer schon ein Pionier. Jetzt reist du schon mal vor, irgendwann folg' ich dir. Du bleibst immer dabei. Für immer – dein kleiner Bruder Udo Lindenberg." „Mein Herz schlägt bis zum Hals!" Mit diesen Worten begann Peter Maffay seine Gedenkrede: „Wenn du gehst, dann geht nur ein Teil von dir und der andere, der bleibt hier. Tschüss mein Freund."

Nach dem Beichtgespräch Freunde geworden

Auch ich hatte das Glück, mich mit Fritz Rau anfreunden zu können. Der Kontakt wäre nie zustande gekommen ohne seine Lieblinge Maffay und Lindenberg. Als ich die beiden Rockidole interviewte, war jedes Mal der mächtige Konzertmanager dabei und hörte aufmerksam zu. „Wir müssen auch mal ins Gespräch kommen", sagte ich zu ihm. Er hätte überhaupt keine Zeit, reagierte der total gestresste Workaholic. Er habe seit dreißig Jahren keinen Urlaub gemacht und sei besessen von seiner Arbeit. Aber dann lenkte er ein: „O. K., ich bin bereit, aber nur, wenn wir auch über die Sinn- und Gottesfrage sprechen."
Es war 1988, da vereinbarte ich mit seiner Chefsekretärin einen Termin. Voller Erwartung fuhr ich zu seiner Bad Homburger Konzertagentur. Doch Fritz Rau war nicht da. In Süddeutschland war er unterwegs mit dem südafrikanischen Schlagersänger Howard Carpendale. „Er kommt heute nicht mehr nach Hause", bedauerte seine Sekretärin, die unsere Verabredung vermasselt hatte. Aber Herr Rau würde jede Stunde anrufen, um die neuesten eingegangenen Nachrichten aus aller Welt zur Kenntnis zu nehmen und entsprechende Anweisungen zu geben. Als er am Telefon meinen Namen hörte, verließ er Carpendale und stand nach zweistündiger Autofahrt vor mir. Es folgte ein offenherziges, tränenreiches dreistündiges Gespräch. Als Freunde sind wir auseinandergegangen.

Seine Lebensbilanz eröffnete der „Buchhalter der Träume"[3] mit Hinweis auf seinen radikalen Bruch als Hitlerjunge. Im Religionsunterricht wollte er wissen, warum sich die Pfarrer nicht gegen Adolf Hitler gewehrt und stattdessen die Waffen gesegnet hätten. Vergeblich! Der zuständige Oberkirchenrat wollte den aufmüpfigen Fünfzehnjährigen der Schule verweisen. Enttäuscht wandte sich der Gottsuchende von der Kirche ab und fand im Jazz und Blues der Siegermächte sein Seelenheil. Rau sprach von einer persönlichen Entnazifizierung: „Der Swing war für mich eine Musik, die die Blinden sehend und die Lahmen gehend macht, während durch die Marschmusik die Lahmen noch lahmer und die Kraftprotze noch protziger geworden sind."

Von Bischof Kelsey und seinem Chor begeistert

Bereits in den Fünfzigerjahren begann er neben seinem Jurastudium seine Karriere als Konzertveranstalter. Immer mehr wurde er zum Sprachrohr einer gegen das erstarrte und teilweise heuchlerische Gesellschaftssystem rebellierenden Generation, die in der Rockmusik eine Art Erlösungsmacht sah, zugleich aber auch von einer religiösen Sehnsucht erfasst war.
Vielleicht auch mir zuliebe kam der begeisterte Mu-

---

[3] Kathrin Brigl/Siegfried Schmidt-Joos: Fritz Rau - Buchhalter der Träume. Quadriga 1991, 287 Seiten.

sikliebhaber auf das von ihm seit 1962 jährlich veranstaltete „American Blues-Festival" zu sprechen. Rau erzählte: „Vom Jazz sind wir zum Blues und schließlich zur Gospelmusik gekommen. Im Jahr 1965 haben wir das erste Spiritual und Gospel Festival mit Bischof Kelsey und seinem Chor aus der Washingtoner evangelischen Freikirche *Temple Church of God in Christ* in Deutschland veranstaltet. Der schwarze Bischof predigte, als ob Flammen aus seinem Mund schlugen, er sprach von der Heimkehr der Kinder Israels durch das Rote Meer und schuf eine Brücke zu unserer Zeit. Er klatschte im Takt seiner Worte in die Hände, und der Klangteppich des Chores wurde immer dichter. In diesen Augenblicken spürte man den Herrgott, wie es John Coltrane in seiner Lobeshymne an Gott zum Ausdruck gebracht hat. Wir müssen uns von der Begeisterung der schwarzen Christen inspirieren lassen. Unsere europäischen Christen haben vielfach aus der christlichen Frohbotschaft eine Drohbotschaft gemacht." Rückblickend gehöre die froh machende Begegnung mit Bischof Kelsey und seinem Chor zu den Höhepunkten seines Lebens.

Die Rockmusik kennt keine Antworten

Was ist die Botschaft der Pop- und Rocksänger, die nicht vom christlichen Glauben geprägt sind? Dabei kam mir der „Rockheiland" *(Der Spiegel)* Bruce Springsteen in den Sinn, der 1985 die größten deutschen Stadien füllte und verkündete: „Ich habe für niemanden eine Antwort parat, nicht einmal für mich selbst." Wie beurteilte Rau die Einstellung seines Freundes Bruce? Der Rockpapst antwortete philosophisch: „Antworten können gefährlich sein, weil sie das Denken dem Menschen abnehmen und ihm vielleicht etwas suggerieren, was vielleicht gar nicht stimmt. Dieses Verhalten ist natürlich unchristlich; denn der christliche Glaube gibt uns Antwort auf quälendste Fragen: Woher komme ich? Wohin gehe ich? Wozu lebe ich? Da ist von Gnade, Liebe, Erlösung, Auferstehung und ewigem Leben die Rede." „Und was bedeuten dir diese christlichen Antworten?", wagte ich ihn zu fragen. Rau antwortete: „Ich bewundere jeden Menschen, der sich dem Glauben an Gott hingibt. Aber ich habe für mich den Weg gewählt, mich dieser Gnade noch zu verschließen. Ich habe bisher nicht die Antwort gefunden. Ich suche."

Der Mond wird von der Sonne erleuchtet

Ich erwiderte: „Die Hingabe spielt in deinem Leben die entscheidende Rolle. Der Theologe Paul Tillich hat den Gottesbegriff so umschrieben: ‚Ergriffensein von dem, was mich unbedingt angeht.' Was geht dich an?" Der Buchhalter der Träume zögerte nicht lange und sagte: „Meine Hingabe an Udo Lindenberg oder Bob Dylan war nicht nur menschliche Fürsorge, es war die totale Hingabe an das Genie mit dem insgeheimen Wunsch, gewissermaßen als Mond von der strahlenden Sonne ein wenig erleuchtet zu werden. Diese Hingabe an den Künstler und an das Konzertpublikum erfüllt mein Leben. Die größte Gnade meines Lebens ist für mich die Begegnung mit der Musik und die Erlösung von allen Übeln durch Musik."

Jimi Hendrix wollte geliebt werden

Unvergessen bleibt Fritz Rau auch die Begegnung mit dem 1970 verstorbenen drogenabhängigen Rockstar Jimi Hendrix. Kurz vor seinem Tod hatte er noch mit Raus Töchtern auf dem Teppich ihres Kinderzimmers wie ein kleiner Junge gespielt. Auf dem Höhepunkt seiner Karriere erfuhr der geniale US-Gitarrist und Sänger auf schmerzliche Weise, dass er von seinen Fans gar nicht mehr als Mensch, der geliebt werden möchte, angenommen wurde. Auf der Bühne sagte er kurz vor seinem Tod: „Da sitzen Tausende von euch. Seid ihr wirklich gekommen, um mich zu sehen, oder seid ihr gekommen, den Star Jimi Hendrix zu sehen und *Lady Foxy* zu hören?" Fritz Rau kommentierte: „Wenn ein Künstler wie Jimi Hendrix sich seinem Publikum total hingibt, kommt es zwangsläufig zur Vereinsamung. Sein Tod hat in mir die Hingabe an die Musik nicht ad absurdum geführt. Ich fühlte mich von seiner Musik wie gestreichelt. Ich werde nie vergessen, als wir nach einem Konzert ins Hotel zurückgingen und Jimi im Zimmer sich auszieht, einen Farbkasten auspackt und sich mit einem nassen Pinsel anmalt – mit langsamen zärtlichen Strichen streichelt er mit dem Pinsel seine Haut. Ein Hunger nach Liebe und Zärtlichkeit." Ich wurde an Fritz Raus Kindheit erinnert und sagte zu ihm: „Du hast als Kind auf solche Zärtlichkeiten vergeblich gewartet." Er wurde traurig und gestand: „Das war halt so. Wenn es einen Gott gibt, dann ist die Musik die schönste Spur, die er uns gibt, nämlich die Fähigkeit, mit Klängen Träume und Zärtlichkeit zu wecken, das spüre ich. Der Philosoph Martin Heidegger hat die Musik als den Vorschein eines göttlichen Wirkens bezeichnet, den er nicht erklären könne. So geht es mir auch."

„Nur noch ein Gott kann uns retten"

Darauf gab ich ihm zu bedenken: „Auch für mich ist die Musik eine wunderbare göttliche Gabe, die mich erhebt und beglückt, aber niemals eine alles erlösende Funktion haben kann. Der von dir zitierte Martin Heidegger hat in seinem letzten Interview Rudolf Augstein bekannt: ‚Nur noch ein Gott kann uns retten. Uns bleibt die einzige Möglichkeit, im Denken und Dichten eine Bereitschaft vorzubereiten für die Erscheinung Gottes oder für die Abwesenheit Gottes im Untergang.'" Resigniert gestand der Musikliebhaber: „Das sagen sie alle, wenn sie sterben. Vielleicht sage ich es am Ende meines Lebens auch. Nach meinem heutigen Bewusstseinsstand bin ich noch nicht bereit, die Gnade der Hingabe an Gott zu empfangen. Ich nehme viele ganz depressive Stim-

mungen und Verzweiflung in Kauf und habe noch die Kraft, damit zu leben."
Nach diesem aufschlussreichen Gespräch, mit dessen Veröffentlichung Fritz Rau in dieser offenherzigen Form einverstanden war, vertraute er mir als Journalist und Seelsorger in den darauffolgenden Jahren seine geliebten Superstars, wie zum Beispiel den britischen Popsänger Cliff Richard oder den amerikanischen Countrysänger Johnny Cash, als exklusive Interviewpartner an. Das angekündigte Gespräch mit Bob Dylan kam leider nicht zustande, weil Fritz Rau krankheitshalber als Konzertveranstalter ausfiel und sein Stellvertreter mich im Regen stehen ließ.

„Herr, bleib bei mir, der Abend bricht herein"

Zuletzt begegneten wir uns kurz vor seinem Tod in einem Frankfurter Krankenhaus. Ich saß an seinem Krankenbett und wusste, seine Tage waren gezählt. Aller Glanz war von ihm abgefallen. Der stattliche, allgewaltige Rockpapst war nicht wiederzuerkennen. Alle Schaffenskraft war dahin. Nur mühsam konnte ich mich mit ihm unterhalten. Immer wieder nickte er zustimmend, wenn ich seine musikalischen Lieblinge aus aller Welt Revue passieren ließ, auch unsere gemeinsamen Erlebnisse mit ihnen in den Konzerthallen vor und hinter den Kulissen. Ich dankte ihm noch einmal für das außergewöhnliche Privileg, auch mit einigen international bekannten Musikgrößen persönliche Gespräche führen zu dürfen.

Zum Abschied sagte ich zu ihm: „Fritz, ich kann nicht singen wie deine Superstars, wie Frank Sinatra, Michael Jackson oder Harry Belafonte. Auch nicht wie Mick Jagger von den Rolling Stones, der heute noch die Massen begeistert mit seinem Welthit *(I Can't Get No) Satisfation*, ich kann einfach keine Befriedigung finden. Aber ich möchte dir ein geistliches Lied singen, das deine quälenden Fragen beantwortet: Geschrieben hat es 1847 der britische Pfarrer Henry Francis Lyte, bevor er wenige Tage danach starb:

„Herr, bleib bei mir, der Abend bricht herein.
Es kommt die Nacht, die Finsternis bricht ein.
Wo fänd' ich Trost, wärst du, mein Gott, nicht hier?
Hilf dem, der hilflos ist: Herr, bleib bei mir.

Wie bald verebbt der Tag, das Leben weicht,
mein Werk vergeht, der Erdenruhm verbleicht.
Umringt von Fall und Wandel leben wir.
Unwandelbar bist du: Herr, bleib bei mir.

Geführt von deiner Hand fürcht' ich kein Leid,
kein Unglück, keiner Trübsal Bitterkeit.
Was ist der Tod, bist du mir Schild und Zier.
Den Stachel nahmst du ihm: Herr, bleib bei mir."

Worauf setzen Sie Ihre Hoffnung am Ende Ihres Lebens?

Johannes Heesters (1903–2011)

Mit hundert Jahren auf der Bühne des Lebens

Der wohlhabende Jedermann begegnet unerwartet dem Tod, der ihn vor den Richterstuhl seines Schöpfers führen will. Jedermann ergreift die letzte Hoffnung auf Rettung, bereut sein ausschweifendes gottloses Leben und findet am Ende einen barmherzigen Gott. In diesem Mysterienspiel *Jedermann* von Hugo von Hofmannsthal, das er als Mahnung für die Menschen versteht, hat der 104-jährige Johannes Heesters vor dem Kölner Dom die Rolle des gnädigen Gottes gespielt.
Der weltweit älteste darstellende Schauspieler und Sänger lud mich zum Kaffee in seine Starnberger Vil-

la ein. Damals stand der niederländische Künstler im 102. Lebensjahr und sprühte vor Lebensfreude und Tatendrang, was für ihn ein Gottesgeschenk war: „Ich bete jeden Tag, dass ich den heutigen Tag wieder schaffe, und hoffe, dass ich noch ein paar Jahre mit meiner Frau Simone zusammen sein kann."

Hitler und „Die lustige Witwe"

Wenige Tage zuvor hatte er noch auf der Bühne der Wiener Volksoper gestanden und den Grafen Danilo aus der Operette *Die lustige Witwe* gesungen. Das begeisterte Publikum gab ihm Standing Ovations. Ich fragte den Grandseigneur der deutschen Theater- und Fernsehwelt, welche Erinnerungen er mit Wien verbinde. „In Wien habe ich 1934 zum ersten Mal in derselben Volksoper die klassische Operette *Der Bettelstudent* gesungen, obwohl ich schon eine 15-jährige Theaterkarriere in Holland hinter mir hatte. Zwei Jahre später hat mich die UFA (Universum Film AG) in Potsdam-Babelsberg als Filmschauspieler unter Vertrag genommen." Im selben Jahr (1936) fanden die Olympischen Spiele in Berlin statt, die als ein Triumph der germanischen Rasse gefeiert wurden. „Waren Sie auch von Hitler begeistert?" „Als Schauspieler habe ich mich nicht in die Politik eingemischt. Aber 1938 wurde ich zu einer persönlichen Unterredung mit dem Propagandaminister Goebbels vorgeladen, weil ich mit Juden Theater gespielt hatte. ‚Die Juden sind unsere Feinde', gab mir Propagandaminister Goebbels zu verstehen. ‚Meine nicht', erwiderte ich. Wenige Tage später wurde mein Filmvertrag mit der UFA vorübergehend gesperrt. Aber das Theaterspielen konnte er mir nicht verbieten. Ich spielte den Grafen Danilo in der Operette *Die lustige Witwe* von Franz Lehar. Nach einer Vorstellung in München kam auch Adolf Hitler zu mir und sagte: ‚Die lustige Witwe' ist meine Lieblingsoperette, und Sie sind der beste Danilo, den ich kenne.' Er kam sieben Mal in die Vorstellung. Ich fragte mich damals: Hat der Mann nichts anderes zu tun?"

Johannes als Priester mit eigener Hauskapelle

Man lese und staune, Johannes Heesters erster Berufswunsch war katholischer Priester. Der Holländer ist in einer römisch-katholischen Kaufmannsfamilie in Amersfoort am 5. Dezember 1903 geboren und aufgewachsen. Die heilige Messe hatte ihn als Kind verzaubert. Nach dem Kirchgang hatte er in seinem Kinderzimmer regelmäßig Messe gehalten. „Wie muss man sich das vorstellen?", fragte ich ihn neugierig. „Ich war sieben Jahre alt. In der Kirche habe ich sehr genau den Pfarrer am Altar und auf der Kanzel beobachtet und zu Hause in entsprechenden Gewändern nachgespielt. Mein selbst gebastelter Flügelaltar und die Monstranz standen auf dem Tisch, links und rechts auf einem Türmchen Kerzenständer und ein Kreuz. Die Liturgie wurde damals noch auf Latein gesungen und gesprochen wie *Dominus vobi-*

scum (Der Herr sei mit euch) und vieles andere mehr. Deshalb suche ich heute nach einem Messbuch, in dem die Liturgie auf Lateinisch und Deutsch abgedruckt ist. Oft habe ich allein in meiner ‚Kapelle' vor dem Altar gesessen, das Kreuz angeschaut und gebetet. Dieses kindliche Urvertrauen habe ich heute noch. Manchmal sagte meine Mutter zu mir: ‚Spiel doch mal mit deinen Freunden auf der Straße Fußball.' Das fand ich nicht so toll. Am 1. Weihnachtstag hatten mein Vater und mein ältester Bruder Geburtstag. Viele Gäste waren da. Dann habe ich auf meinem Altartisch die Lichter angezündet und die Tür zum Wohnzimmer geöffnet. Ich hatte mein Priestergewand angezogen, ein weißes Hemd, das Spottkleid Jesu, und darüber eine Stola. Meine Familie und die Gäste erhoben sich und hörten mir andächtig zu. Mit vierzehn Jahren war ich immer noch Priester."

Priester und Schauspieler haben viel gemeinsam

An seinem sechzehnten Geburtstag sei er mit seinem Vater zum ersten Mal im Amsterdamer Stadttheater gewesen. Das Bühnenstück des niederländischen Dramatikers Joost van den Vondel habe ihn derart begeistert, dass er nur noch Schauspieler werden wollte. Im Übrigen gäbe es viele Gemeinsamkeiten zwischen der Theater- und Priesterrolle, meinte Heesters: „Der wunderbaren Kirchenausstattung entspricht das Bühnenbild. Es werden gehaltvolle Texte zur Freude der Zuschauer gesprochen. Die Messgewänder und die Theaterkostüme haben eine symbolische Bedeutung und sind schön anzusehen." Dann bat ich den genialen Künstler, der 90 Jahre lang auf der Bühne und vor der Kamera gestanden hatte, um die Preisgabe seines Erfolgsgeheimnisses. „Für mich als Schauspieler war immer wichtig, anspruchsvolle Rollen zu spielen, die mich herausfordern. Wer ganz oben sein will, muss hart an sich arbeiten. Ein Leben lang habe ich an meiner Sprechtechnik gefeilt: Leise und trotzdem hörbar. Laut, aber nicht pathetisch. Den zu sprechenden Text muss ich zunächst mit Verstand und Herz begreifen, dem Rollencharakter entsprechend formen und gestalten. Nicht zu vergessen ist die Bühnenpräsenz sowie die persönliche Ausstrahlung und Begeisterung. Da ist eine Wechselbeziehung zwischen mir und meinem Publikum, ein Geben und Nehmen. Wenn ich nicht alles gebe, lustlos und müde bin, merken es meine Zuschauer sofort. In jeder Vorstellung gebe ich hundert Prozent, immer wieder von Neuem. Ich habe Respekt vor meinem Publikum und es dankt mir mit Applaus."

Glücklich und gesund auch nach hundert Jahren

Für den leidenschaftlichen Schauspieler war seine Familie am wichtigsten. Mit seiner ersten Ehefrau

Wiesje war Heesters 55 Jahre glücklich verheiratet. Nach ihrem Tod verliebte sich der charmante Schauspieler in die Malerin Simone Rethel, die mir als Gastgeberin am Kaffeetisch gegenübersaß. Sie erzählte mir, dass sie bereits als Elfjährige alle Fotos, Platten oder Zeitungsartikel gesammelt hatte. Im Münchener Theater sei sie ihrem Idol 1965 zum ersten Mal leibhaftig begegnet und habe sich ein Foto von ihm signieren lassen. Heute sei sie die glückliche Ehefrau von Johannes Heesters. Der betagte Schauspieler lobte seinen begeisterten Fan in höchsten Tönen: „Mit Simone kehrte nach dem Tod meiner Frau Wiesje der größte Segen und die Liebe zurück in mein Leben, wie sie nur wenigen Menschen vergönnt ist. Wir nehmen uns gegenseitig als kostbares Geschenk an und freuen uns aneinander. Es ist eine unbeschreibliche Seelenverwandtschaft."

Nun wollte ich auch noch wissen, wie sich ein Hundertjähriger körperlich fit hält. Gern gab der „fitte" Schauspieler Auskunft: „Noch heute gehe ich zweimal in der Woche ins Kraftstudio nach Starnberg. Eine Stunde lang stemme ich 40-Kilo-Gewichte zwanzigmal hintereinander. Nach einer Pause von einer Minute geht das Training mit zehn Stationen weiter. So stärke ich an verschiedenen Kraftmaschinen alle Muskelpartien meines Körpers. Dazu muss man Mut, Geduld und Ausdauer mitbringen. Bis vor einem Jahr habe ich noch Gesangsunterricht genommen. Mein Gedächtnis trainiere ich, indem ich meine Rollentexte einstudiere. Das ist sehr mühsam, weil ich nicht gern auswendig lerne und schlecht lesen kann.

Aber mit Simone habe ich sogar am Textlernen Spaß. Ich freue mich schon auf das nächste Drehbuch." Simone ergänzte: „Das stimmt. Jopie hat eine positive Gefühlslage und will immer Neues entdecken im Rahmen seiner Möglichkeiten. Er interessiert sich für alles und ist emotional voll dabei. Alle seine Urteile und Entscheidungen sind sehr stark von Instinkt und Gefühl geprägt. Seine Begeisterung hängt auch mit einer gewissen Naivität zusammen, die er sich bis heute erhalten hat. Damit meine ich seine kindliche Neugier, die Freude, Neues zu entdecken und sich anzueignen. Wenn man Jopie ein neues Theaterstück anbietet, freut er sich wirklich wie ein Kind. Voller Erwartung blickt er nach vorn."

„Wer so stirbt, der stirbt wohl"

Unser anregendes fast dreistündiges Gespräch neigte sich dem Ende entgegen. Ich schlug die Bibel auf und las den 71. Psalm, der mit den Worten beginnt: „Bei dir, Herr, bin ich geborgen, Lass mich nicht zugrunde gehen … Von meiner Kindheit an habe ich mich auf dich verlassen. Seit ich lebe, bist du mein Schutz. Dich habe ich besungen, seit ich dich kenne …" Ich bat den andächtig zuhörenden Schauspieler, nach jedem vorgelesenen Bibelvers seinen Kommentar zu geben. Hier ein Beispiel: Der Psalmbeter bekennt: „Herr, wie aus dem Grab hast du uns wieder ins Leben gerufen." Und Johannes Heesters sagte: „So war es auch bei mir, als nach dem Tod von Wiesje mit Simone die Liebe zurück in mein Leben kam. Meine Tochter Nicole hat es wohl am treffendsten gesagt: ‚Es ist ein Engel vom Himmel gefallen, der meinen Vater bei der Hand nimmt und ihn weiter durchs Leben führt.'"

Als ich zum Abschied ein Segensgebet sprach, sagte der fromme Katholik: „Die Bibellesung und das Gebet waren der Höhepunkt unserer Begegnung."

Ein Jahr später rief ich ihn auf Bitten eines Verlages an, der eine Weihnachts-CD mit den schönsten Liedern von Prominenten herausbringen wollte. Der 103-jährige Sänger nannte den Passions-Choral *Oh Haupt voll Blut und Wunden,* den er auch in seiner Rolle als „Stimme Gottes" im Mysterienspiel *Jedermann* wiederholt vorgetragen hatte.

Johannes Heesters starb am Heiligabend 2011 in Starnberg. Er ist im Frieden Gottes eingeschlafen und hat vielleicht den letzten Vers seines Wunschliedes im Herzen gesungen:

„Erscheine mir zum Schilde,
zum Trost in meinem Tod,
und lass mich sehn dein Bilde
in deiner Kreuzesnot.
Da will ich nach dir blicken,
da will ich glaubensvoll
dich fest an mein Herz drücken.
Wer so stirbt, der stirbt wohl."

Ursula Buchfellner (*1961)

Ein Sexidol wird Botschafterin der Versöhnung

„The most beautiful girl on the planet", titelte 1979 das US-amerikanische Herrenmagazin *Playboy* in seiner Oktober-Ausgabe. Das Nacktmodel Ursula Buchfellner wurde als erstes deutsches *Playmate des Monats* international als „das schönste Mädchen auf dem Planeten" gefeiert. Ihre dramatische Lebensgeschichte mit Happy End, die heute nach 30 Jahren noch immer die Gemüter erregt, habe ich teilweise miterlebt. Auf dem Höhepunkt ihrer Model-Karriere sagte die damals 24-jährige Münchnerin in einem Fernsehinterview, sie wolle sich nicht mehr nackt fotografieren lassen. Meine Berufsschüler und -schülerinnen im Religionsunterricht waren so begeistert von Ursula Buchfellner, dass sie mich geradezu beschworen, mit diesem Sexidol Kontakt aufzunehmen und hinter die Kulissen zu schauen. Tatsächlich empfing mich Frau Buchfellner zu einem dreistündigen Gespräch in einem Münchner Café. Dreißig Jahre später, 2015, entdeckte ich in der *Spiegel*-Bestsellerliste ihr Buch *Lange war ich unsichtbar*. Beim zweiten Treffen begegneten wir uns diesmal nicht unter vier Augen, sondern zu einem anderthalbstündigen Fernsehgespräch. Nach der Sendung bekannte sie sehr emotional: „Sie haben tief in meine Seele hineingeschaut." Die heute 57-jährige Ursula Buchfellner ist immer noch bildhübsch. Sie faszinierte 300 junge Leute im Siegener Berufskolleg für Sozialpädagogik, deren Mütter und Väter mich im Jahr 1985 im Religionsunterricht animierten, mit diesem außergewöhnlichen Menschen Kontakt aufzunehmen. Ihre Geschichte ist so unglaublich, wie sie wahr ist. Sie handelt von bedingungsloser Liebe und christlicher Versöhnung und kann für jeden Menschen ein ermutigender Impuls fürs Leben sein. Zuvor sei vorausgeschickt, dass Ursula Buchfellner nicht plötzlich, auf eine spektakuläre Weise zum christlichen Glauben fand. Sie war bereits als junges Mädchen im Religionsunterricht stets aufgeschlossen und von der Lebens- und Leidensgeschichte Jesu von jeher tief bewegt.

„Lange war ich unsichtbar"

Als Erstes stellte ich fest, dass Ursula Buchfellner in den letzten 30 Jahren noch schöner geworden war, denn jetzt strahlte ihre Schönheit auch von innen. Ich wollte wissen, ob sie sich als junges Mädchen gern im Spiegel angeschaut hatte. „Mit wurde als Kind nie gesagt, dass ich hübsch bin. In unserer Familie ging es ums Überleben. Ich kann mich nur an einen kleinen Spiegel erinnern, der so hoch hing, dass ich hochspringen musste, um reinschauen zu können. Deshalb bin ich auch nicht eitel geworden. Als Model habe ich mich sehr wohl im Spiegel beschaut, weil ich wissen wollte, was die Menschen so schön an mir finden. Es kommt heute noch vor, dass ich mich im Dunkeln zurechtmache. Ich sehe eher mein Gegenüber als Spiegel, den Menschen, mit dem ich es gerade zu tun habe. Sie sind im Moment mein Spiegel, in dem ich auch mich betrachte, was aus meinem Herzen herauskommt. Dieser Spiegel ist mir ganz viel wert."

Der Spiegel sei auch ein Nachrichtenmagazin, griff ich dieses Bild auf und erzählte ihr, dass ich dort in der Bestsellerliste auf ihr Buch mit dem bezeichnenden Titel *Lange war ich unsichtbar*[4] gestoßen war. Warum aber, wollte ich wissen, machte sie sich jahrzehntelang unsichtbar? „Aufgrund meiner schwierigen Kindheit musste ich notgedrungen ein System entwickeln, das mich unsichtbar machte, um dieser brutalen Welt zu entkommen. Ich habe aufgehört

---
[4] Ursula Buchfellner: Lange war ich unsichtbar. Kailash 2015, 224 Seiten.

zu atmen, wenn ich Angst hatte, wenn Erwachsene in meiner Umgebung aggressiv wurden, anfingen zu streiten oder mich mit Schlägen traktierten. Meine Lebensenergie habe ich auf ein Minimum reduziert und wurde so in der Menge nicht wahrgenommen. Es funktionierte ganz gut. Dieser Schutzpanzer war für mich als Kind überlebenswichtig, weil mein Vertrauen immer wieder enttäuscht wurde. Dieses feste Verhaltensmuster hat sich in mein kindliches Gehirn geritzt, dass ich unbewusst in meinem Erwachsenenleben auch verwendet habe, was mehr oder weniger schädlich war."

Kinder in panischer Angst vor den Eltern

Als heutige Botschafterin der Versöhnung hat sich Ursula Buchfellner aber sichtbar gemacht, schließlich hat sie sich auch mit ihren Eltern versöhnt. Der Untertitel ihres Buches heißt „Wie Versöhnung mein Leben rettete". Mit dieser Mission ist sie heute unterwegs. Zuletzt hatte sie Auftritte in jeder bekannten Talkshow. Besonders aufschlussreich war für sie das Mitwirken in der Fernsehsendung *Nachtcafé im SWR* unter dem Thema „Wie die Kindheit unser Erwachsenenleben prägt". Ich wollte natürlich wissen, was dabei herauskam. Zu Gast waren betroffene Personen, die ihr schon verarbeitetes Kindheitstrauma mitgebracht hatten. Buchfellner: „Dabei kam heraus, dass jeder Mensch einen Schatten der Vergangenheit auf seinen Schultern trägt, von dem wir

unbewusst gesteuert werden. Wer seine Kindheit anschaut, begegnet auch seinem Schatten, der zum Freund werden kann und nicht mehr hinderlich ist oder erdrückt. Der Schatten wird nie verschwinden. Meine Kindheit wird mir immer präsent bleiben. Aber sie kann mich als Freund begleiten. Die Gesprächsteilnehmer hatten den Mut, ihre Kindheit zu durchleuchten und wirklich anzuschauen."
Der Psychologe Carl Gustav Jung spricht von ebendieser Schattenprojektion, mit der man sich anfreunden und auseinandersetzen solle. In dieser Weise hat das Idol auch seine eigene Kindheit aufgearbeitet. Zur Welt gekommen und aufgewachsen ist Ursula Buchfellner in einer Holzbaracke im Münchener Stadtviertel „Am Hasenbergl" in einer Familie mit zehn Kindern. „Wir hatten kaum was zu essen, nichts anzuziehen. Keine Heizung, warmes Wasser, kein Bad. Also extrem arm. Drei Familien mit acht bis sechzehn Kindern mussten in dieser Notunterkunft eine Toilette benutzen. Die familiären und sozialen Verhältnisse waren katastrophal." Ich berichtete ihr sofort von meiner Begegnung mit einem Münchener Freund tags zuvor. Als ich ihm erzählte, ich würde heute ein TV-Gespräch mit Ursula Buchfellner führen, die auf dem Hasenbergl aufgewachsen sei, schlug er die Hände über dem Kopf zusammen: „Hasenbergl war der am meisten verrufene Stadtteil Münchens", sagte er. Ein sozialer Brennpunkt, wie mir auch Frau Buchfellner bestätigte. „Meine Eltern waren komplett überfordert und kämpften ums Überleben. Wegen der unverarbeiteten Dramen ih-

rer eigenen Kindheit herrschte bei uns zu Hause permanent eine aggressive Stimmung. Wir Geschwister haben uns gegenseitig getröstet. Wenn wir hungerten, haben wir uns umarmt und Mut zugesprochen. Bis heute sind wir die besten Freunde geblieben." Die überforderten Eltern, Onkel und Tanten sowie Nachbarn dagegen jagten den Kindern panische Angst ein, mussten sie doch ständig damit rechnen, verprügelt zu werden. Aus der Psychologie kommt die Frustrations-Aggressions-Theorie, was bedeutet, dass Menschen, die mit sich selbst nicht fertigwerden, andere Menschen fertigmachen müssen. Von Friedrich Nitzsche stammt die Aussage: „Der Starke hat das Recht, und der Schwache muss ihm zur Erreichung seines Zieles dienen." Das traf hier offenbar genau zu: Ursula Buchfellners Eltern waren selbst mal Opfer, die jetzt zu Tätern geworden waren, um ihren eigenen Frust abzureagieren. Sie stimmte mir zu und erklärte, dass Kinder in diese Opferrolle gedrängt würden und diese auch übernehmen. Doch von diesen Zusammenhängen habe sie als Kind natürlich nichts gewusst. „Ein Kind liebt seine Eltern, egal, wie schlimm sie sind. Ich habe meine Eltern abgöttisch geliebt. Als mein Vater zum Beispiel betrunken heimkam, über einen Stein fiel und die Wunde blutete, habe ich ihn als Achtjährige mit all meiner Kraft wieder aufzurichten versucht. Er hat sich auf mich gestützt, dass ich fast zusammengebrochen wäre. Aber ich wollte ihn heil nach Hause bringen. Hinterfragt habe ich das viel später. Was müssen meine Eltern erlebt haben, dass sie ihre Kinder so misshandelt haben?"

Der Tiefpunkt nach sexuellem Missbrauch

Ich wollte wissen, wie es ihr in der Schule erging. War dort vielleicht ein anderes Umfeld, eines, das ihr Anerkennung brachte? Frau Buchfellner erklärte mir, dass sie sich auch dort unsichtbar gemacht habe, weil sie ein extrem ängstliches Kind gewesen sei. So blieb sie auch hier das Opfer. Jungs schlugen sie, weil auch sie meist aus asozialen Verhältnissen kamen und ihre Aggressionen abreagierten. Von Ursula war keine Gegenwehr zu befürchten. Gelegentlich brach sie zusammen, weinte allein, doch zur Wehr setzte sie sich nie. Als wäre all das nicht genug, kam der sexuelle Missbrauch ihres Lehrers dazu, der sie immer wieder zwang, sich auf seinen Schoß zu setzen, um sich an ihr sexuell zu erregen. „Da konnte ich mich nicht mehr unsichtbar machen. Die Schulzeit habe ich überlebt, aber nicht mit ihr gelebt." Der sexuelle Missbrauch setzte sich dann in anderer Weise noch fort. „Das war der schlimmste Moment in meinem Leben, der mich am allermeisten geprägt hat. Ich war sieben Jahre alt, ein liebes und hilfsbereites Kind, als ein Mann mich bat, mit ihm seine Brille im Wald zu suchen. Im tiefen Wald hat er mich zu Boden geworfen und mir befohlen, mein Höschen auszuziehen. Dann hat sich der nach Alkohol stinkende Mann auf mich geworfen und sich an mir gerieben. Danach hat er sich verzogen, und ich lag starr vor Entsetzen auf dem Waldboden. Irgendwann raffte ich mich auf und rannte aus dem Wald. Auf der Straße begegnete ich meiner Oma, der ich diese grausame Geschichte erzählte. Daraufhin packte sie mich und schrie mich an, ich wäre eine Nutte und hätte diesen Mann verführt." Das völlig unschuldige und aufgelöste Kind konnte einfach nicht erkennen, was es Böses getan hatte. Trotzdem schämte sich Ursula und flehte ihre Großmutter an, es niemandem zu erzählen. Doch im selben Augenblick fuhr ihre fünf Jahre ältere Cousine mit dem Fahrrad vorbei, und ihre Oma rief ihr zu: „Stell' dir vor, was diese Drecksau gerade angestellt hat!" Buchfellner: „Ich wäre am liebsten gestorben."

Von Kindern mit Liebe überschüttet

Zu Hause war es vor allem der Vater, der immer wieder wie ein Berserker auf sie einschlug. Er konnte offenbar ihr von Natur aus heiteres Wesen einfach nicht ertragen und verbreitete um sich herum Schrecken, weil seine Kriegserlebnisse ihn verfolgten. „Gab es irgendwo für Sie noch eine heile Welt?", wollte ich von ihr wissen. „Erwachsene haben mir wehgetan, aber Kinder schenkten mir ihre ehrliche Liebe. Als Achtjährige hatte ich schon einen Kindergarten von zwölf Kindern. Ihnen ging es nicht anders als mir, sie wurden auch geschlagen und hatten Hunger nach Liebe. Für sie war ich die Freudebringerin am Hasenbergl. Tausend Spiele hatte ich mir ausgedacht, um diese verwahrlosten Kinder glücklich zu machen. Wenn ich aus der Schule kam und die Kinder mich erblickten, begrüßten sie mich scha-

renweise. Manchmal wurde ich angesprungen, dass ich zu Boden fiel: „Ursula, ich liebe dich" oder: „Ich liebe dich noch viel mehr!", schallte es mir entgegen. Das hat mir Kraft gegeben, all das Leid, das ich durch meine Eltern erleben musste, auszuhalten.
Manchmal habe ich mich auf die Wurzeln eines hohen Baumes gelegt und nach oben geschaut. Dabei hatte ich das Gefühl, die Spitze rage in den Himmel, und ich konnte für einen Augenblick meiner brutalen Welt entfliehen und spürte einen Seelenfrieden. Nach der Schulzeit wollte ich gern Kindergärtnerin werden, aber mein Lehrer meinte, ich sei zu dumm dafür. Er hätte miterleben müssen, welche Talente ich beim Kinderspiel auf dem Hasenbergl anwenden konnte. Aber der Lehrer musste es wohl wissen, sagte ich mir. In der darauffolgenden Nacht war ich todunglücklich und habe mich am nächsten Tag dem Schicksal gestellt."
Ursulas Mutter brachte sie in einer Bäckerei als Verkäuferin unter, um abends nach Feierabend nicht verkauftes Brot und Kuchen mitbringen zu können. Dann warteten ihre Geschwister schon an der Straßenbahnhaltestelle, um ihr die vollen Tüten aus der Hand zu reißen. Zu Hause war dann nur noch die Hälfte drin.

In die Glanzwelt des „Playboy" entführt

Dann passierte es: Als Ursula 16 Jahre alt war und gerade mit ihrem damaligen Freund in einem Münchner Biergarten saß, wurde sie von einem Redakteur des Herrenmagazins *Playboy* mit den Worten angesprochen: „Wissen Sie eigentlich, wie schön Sie sind? Ich würde Sie gern zum Fotoshooting als *Playmate des Monats* einladen.'" Buchfellner: „Ich hatte keine Ahnung, was ein Playmate war. Mein Freund reagierte dagegen heftig und klärte mich auf. Er zeigte mir zu Hause eine *Playboy*-Ausgabe. Ich fiel aus allen Wolken, als ich die Glanzbilder wunderschöner nackter Frauen betrachtete. ‚Aber der Fotograf kann doch nicht mich gemeint haben', sagte ich zu ihm. ‚Ich bin doch gar nicht hübsch. Das hat mir bisher noch niemand gesagt. Der Mann muss sich verschaut haben.' Zum ersten Mal sagte mein Freund: ‚Doch, du bist wunderhübsch. Mach das. Die Chance bekommst du nie wieder.'" Auf sein Drängen hin rief Ursula Buchfellner schließlich dort an und wurde zu einem 14-tägigen Fotoshooting eingeladen. Sie kam in eine komplett neue Welt, die sie nicht wirklich genießen konnte. „Ich hatte ja überhaupt kein Selbstbewusstsein. Meine große Angst war: Wenn der mich jetzt nackt sieht, schickt er mich sofort wieder nach Hause." Die Vorbereitung dauerte ewig. Im Bademantel wurde sie geschminkt, gestylt und total verändert. „Wenn ich mich im Spiegel sah, erschrak ich vor der fremden Frau. Dann stand ich im Scheinwerferlicht und sollte meinen Bademantel ablegen, den ich mit zitternden Händen krampfhaft festhielt. Ich hatte eine furchtbare Angst vor meinem Freund; denn er war der erste Mensch, von dem ich glaubte, er würde mich lieben. Und ich wollte ihn nicht enttäuschen. Aber der Fotograf glaubte, ich schämte mich und alle Assistenten mussten das Atelier verlassen. Als wir allein waren, redete er väterlich auf mich, ein: ‚Komm, ich muss deine Haut sehen, damit die Scheinwerfer richtig eingestellt werden können.'" Schließlich ließ sie entspannt ihren Bademantel fallen, und seine Resonanz war umwerfend: „Endlich mal eine perfekt schöne Frau." „Ich stand da und sagte mir: Das doch kann nicht sein. Aber seine Augen strahlten, und die Begeisterung war echt. In den darauffolgenden 14 Tagen habe ich ein unglaubliches Selbstbewusstsein aufgebaut. Nach jedem Fotoshooting wartete schon die Garderobenfrau, um mir schützend den Bademantel wieder anzuziehen. Ich wurde verwöhnt wie eine Prinzessin."

Vom Aschenputtel zur Prinzessin

Dann kam die neue deutsche Ausgabe des weltbekannten *Playboy* auf den Markt, und die Massenmedien feierten das erste deutsche *Playmate des Monats*. Scharenweise umlagerten Fotografen bekannter europäischer Modezeitschriften und Magazine, Filmemacher und Journalisten das 16-jährige Model aus München. „Doch wie reagierten die Nachbarn auf dem Hasenbergl?", fragte ich Ursula. „Wenn die Leute mich schon von Weitem sahen, riefen sie verächtlich: ‚Da kommt die Nutte vom Hasenbergl.' Das hat mir dann so unendlich wehgetan, weil auch Mütter dabei waren, die mir verboten haben, mit ihren Kindern zu spielen. Ich musste mich eine Zeitlang vom Hasenbergl distanzieren, um seelisch überhaupt überleben zu können." Ursula lebte im Chaos der widersprüchlichen Resonanzen. Auf der einen Seite der Hass und Neid der Unterprivilegierten und auf der anderen Seite die Begeisterung der Medien für die schönste Frau Deutschlands.

Solch eine Geschichte, die Ursula Buchfellner erlebt hat, kann man kaum erfinden. Sie erinnert an das Märchen vom Aschenputtel, das eine Prinzessin wurde. Als „Aschenputtel" vom Hasenbergl hatte Ursula kein Selbstwertgefühl und hielt sich für ein hässliches Mädchen, das sich selbst nicht lieben konnte. Darum gierte sie geradezu nach Fremdliebe und Anerkennung. Als „Prinzessin" wurde sie von einem Tag auf den anderen mit Anerkennung aus aller Welt überschüttet. Ich fragte sie, wie das bei ihr ankam. „Anerkennung bekam ich von überall, aber gar keine Liebe. Als Model und Schauspielerin wurde ich sehr sichtbar. Aber es war mein Körper, der gesehen und bestaunt wurde, aber nicht meine Seele, die auch in diesem Showbusiness unsichtbar blieb. Niemand war an meiner Seele interessiert. Auch der Fotograf vom *Playboy* sah in mir nur ein Fotoobjekt, eine schöne Frau, mit der man Geld verdienen kann. Mehr nicht. In den folgenden Jahren bin ich seelisch fast verhungert."

„The most beautiful girl on the planet"

Zwei Jahre nach diesem Medienrummel um das Sex-idol Ursula Buchfellner feierte sie der US-Playboy als „Miss Oktober" in seinem Glanzmagazin und sie wurde in der ganzen Welt als „The most beautiful girl on the planet" bekannt. First Class flog sie auf Einladung des mächtigen *Playboy*-Imperiums nach Chicago, wo sich der internationale Jetset trifft. Der Schriftsteller Norman Mailer verglich einst das luxuriöse Zentrum des Gründers Hugh Hefner mit einem „Raumschiff auf dem Weg ins All, auf dem man weder Tag noch Stunden kennt". Außerdem war sie auch Hefners Gast in seiner 100-Millionen Dollar-Mansion-Luxusvilla in Los Angeles. „Wie oft musste ich mir anhören, ich sei das schönste Mädchen auf dem Planeten, bis ich es schließlich selbst glaubte. Für mich eine große Ehre, die mich aber unbeeindruckt ließ." In einer riesengroßen Stretchlimousine wurde sie abgeholt und auf dem Parkgelände mit Swimmingpools, Sportanlagen und Partyräumen zu ihrem Gästebungalow gebracht, in dem sie ganz allein wohnte. Als Frühaufsteherin, die auch abends zeitig schlafen geht, traf sie beim vergnügungssüchtigen Hausherrn, seinen Playmates und illustren Gästen auf Unverständnis. Bis nachmittags wurde geschlafen und abends gab es Party bis zum frühen Morgen. „Irgendwann ermahnte mich Hugh Hefner, der 2017 in seiner Mansion-Villa verstarb, er habe mich noch keinen Abend auf der Party gesehen. Als ich abends dabei war, saß ich auf einer

Fensterbank und hab' mir die ganze Show aus der Ferne angeschaut. Ein Playmate gesellte sich zu mir und spürte mein Unbehagen. Als ich ihr zu verstehen gab, dass ich hier nicht hingehöre, sagte sie: ‚Ich bring' dich zurück in deinen Bungalow. Du musst hier nicht bleiben und leiden.'" Dann flog sie heim, stellte ihre Koffer zu Hause ab, ohne sie auszupacken, und begrüßte freudig ihre Kinder auf dem Hasenbergl. „Seelisch war ich ausgedörrt und konnte bei meinen Kindern wieder auftanken."

„Bis hierhin und nicht weiter!"

Es folgten verlockende Angebote als Schauspielerin in Erotikfilmen und als Fotomodell, die Ursula Buchfellner annahm und sie um die Welt führten. Eines Tages brachte sie ein First-Class-Atlantikflug nach New York, wo es 1980 zur großen Wende kam. In New York besuchte sie die weltberühmte Model-Agentur *Elite*, die nur die schönsten Frauen der Welt in ihre Datenbank aufnimmt. Ursula gehörte auch dazu. Sogar Hollywood bot ihr eine Schauspielkarriere an. Als das Herrenmagazin *Penthouse* ihr dann für Nacktaufnahmen eine Viertelmillion Mark anbot, fragte sie sich jedoch: „Bist du eigentlich verrückt, deine Seele für Geld zu verkaufen? Bis hierhin und nicht weiter." Die Leute um sie herum redeten auf sie ein, ob sie wahnsinnig sei, solch ein Angebot auszuschlagen. „Das ist die Chance deines Lebens!", bekam sie wieder und wieder zu hören.

Doch es war einfach nicht das, wonach Buchfellner gesucht hatte. „In dieser Sexbranche bin ich seelisch verhungert. Lange hätte ich es nicht mehr ausgehalten. Fortan ließ ich mich nur noch auf seriöse Angebote als Fotomodell und Schauspielerin in Fernsehserien wie *Derrick* und Peter Steiners *Theaterstadl* ein." An diesem Wendepunkt war sie 24 Jahre alt. In einer Fernsehreportage machte sie es schließlich öffentlich, nicht mehr als Nacktmodel posieren zu wollen. Ebendiese Sendung sahen vor 30 Jahren meine Berufsschüler, die mich geradezu beknieten, mit Ursula Buchfellner Kontakt aufzunehmen und mich zum Sprachrohr der von ihr begeisterten jungen Leute zu machen. Kurz darauf trafen wir uns erstmals in München zu unserem dreistündigen Gespräch. „In der Zwischenzeit ist viel passiert", sagte mir Frau Buchfellner. „Damals habe ich geahnt, dass Gott mich mit seiner Liebe begleiten möchte. Heute weiß ich: Dieser Glaube gehört zu mir. Undenkbar, ohne Jesus und seine göttliche Energie auch nur einen Tag zu leben. Dieses Gottvertrauen trägt mich durchs Leben und hat die Versöhnung mit meiner schrecklichen Vergangenheit bewirkt."

„Mama, ich möchte bei dir wohnen"

Ihr wurde bewusst, dass sie ihre traumatischen Belastungsstörungen nur loswerden könnte, wenn sie ihre schrecklichen Kindheitserlebnisse aufarbeiten und sich mit der Vergangenheit versöhnen würde.

Aber wie verlief dieser Versöhnungsprozess? „Nach einem Traum wurde mir klar, ich muss zurück in die Vergangenheit und mich mit meinen Eltern versöhnen. Am nächsten Tag habe ich meine Zelte abgebrochen und meiner Mutter am Telefon gesagt: ‚Mama, ich möchte gerne eine Zeit lang bei dir wohnen.' Es hätte sie überfordert, wenn ich ihr meine wahre Absicht mitgeteilt hätte. ‚Ja gerne', sagte sie, ‚ich mache dir das Kinderzimmer frei. Im Keller kannst du deine Sachen unterbringen.' Mit offenen Armen hat sie mich empfangen. Das war sehr schön. Zwei Wochen lang habe ich versucht, ihren Lebensalltag von morgens bis abends zu teilen, um sie besser kennenzulernen. Zuerst habe ich ihr nur zugehört. Danach habe ich angefangen, ganz banale Fragen zu stellen, ohne sie anzuklagen. Allmählich habe ich in ihr Herz geschaut und verstanden, warum sie mich als Kind vor den Schlägen meines Vaters nicht beschützen konnte. Aufgrund ihrer schlimmen Kindheit ist sie bis heute noch schutzbedürftiger als ich. Jetzt konnte ich sie seelisch umarmen. In den drei Monaten unseres Zusammenseins hat sie alles wiedergutgemacht. Sie wurde mir eine so liebevolle Mutter, wie ich sie mir immer gewünscht hatte. Und genau daran möchte ich mich erinnern. Nicht an die Mutter meiner Kindheit, die zum Vater sagte: "Schlag sie noch mehr."

Ihre Mutter war so beschämt von Ursulas selbstloser Liebe, dass sie eines Tages plötzlich fragte: „Uschi, wie bist du dazu gekommen, dass du mir mein Versagen verzeihen kannst?" Das interessierte auch mich. Das ehemalige Fotomodell und Sexsymbol antwortete mir: „Ich möchte Frieden haben, unsere Familie soll heil werden. Ich bin von Gott so geführt worden, der uns mit ihm und untereinander versöhnen möchte. Heute habe ich die Kraft zu diesem Versöhnungsweg, zu dem es keine Alternative gibt. Meine Mutter hat diese Frage gestellt, weil sie sich auch von Herzen gewünscht hätte, aus dieser Opferrolle herauszukommen. Aber sie hatte keine Chance, weil sie als Mutter von zehn Kindern und Ehefrau eines alkoholsüchtigen Mannes nur ans Überleben denken konnte.

Ich bin ein freier Mensch geworden, von Gott verwöhnt und beschenkt, sodass ich ganz viel Zeit in meinem Leben hatte, mich um mich selber zu kümmern, mich kritisch zu hinterfragen und meine Vergangenheit aufzuarbeiten."

„Ich wollte sein Herz erreichen"

Ursulas Eltern lebten am Ende getrennt. Ob sie auch wieder Kontakt zu ihrem Vater aufnahm, wollte ich wissen. „Nachdem ich mich mit meiner Mutter versöhnt hatte, fühlte ich mich stark genug, meinem Vater zu begegnen. Er wohnte nur ein paar Häuser weiter und wusste, dass ich bei meiner Mutter eine Zeit lang wohnte. Als ich an seine Tür klopfte, öffnete er und schlug sie sofort wieder zu, als er mich erblickte. In diesem Augenblick überfiel mich ein gewaltiger Schmerz und ich habe furchtbar geweint.

Die schreckliche Kindheit stand vor meinen Augen. Ich wollte ja sein Herz erreichen, und er hat auch seine Herzenstür zugeschlagen. Dann nahm ich allen Mut zusammen und dachte: ‚Wenn ich in diesem Schmerz bleibe, dann werde ich meine Opferrolle nicht los. Dann wird es mit dem Vater keine Versöhnung geben.' Deshalb habe ich den Schmerz umarmt und mich bei meiner Mutter im Kinderzimmer ausgeweint." Ursula versuchte nun, in sein Leben einzutauchen, sprichwörtlich in seine Mokassins zu schlüpfen. Wie verbrachte er seinen Tag? Morgens ging er in die Kneipe und trank mit seinen Kumpanen sein Bier. Also folgte sie ihm. „Innerlich habe entsetzlich gezittert, äußerlich mir aber nichts anmerken lassen. Stillschweigend habe ich mich neben ihn gesetzt, und er hat mich nur angeguckt, ohne ein Wort zu sagen. Aber seine Freunde sprachen ihn an: ‚Wir wussten gar nicht, dass du so eine hübsche Tochter hast.' Auch ich hab' mir ein Bier bestellt und eine Zigarette geraucht, nur seinetwegen. Ich wollte ihm einfach das Gefühl geben: Ich bin wie du. Ich bin auf deiner Ebene. Nach einer Stunde bin ich wieder gegangen. Das habe ich viele Tage gemacht, bis er sich daran gewöhnt hatte. Einmal war ich krank. Dann hat er meine Mutter angerufen: ‚Warum ist die heute nicht gekommen?' Er hat sich so an meine Präsenz gewöhnt, und das wollte ich erreichen." Einmal bat sie ihr alkoholisierter Vater, ihn nach Hause zu geleiten, weil er wackelig auf den Beinen war. Da nahm Ursula ihre Kraft zusammen wie damals als achtjähriges Mädchen, als sie unter seiner Last fast zusammengebrochen wäre. „Diesmal haben wir unterwegs sogar miteinander gesprochen. Schließlich wurde daraus ein Ritual, dass ich in der Folgezeit ihn jeden Tag nach Hause gebracht habe und ihn zum Sprechen bringen konnte. Bis er irgendwann sagte: ‚Nun hör endlich auf. Du fragst mir Löcher in den Bauch. Das will ich nicht, es reißt mir Wunden auf.' Da wusste ich, dass er voller Wunden war, mit denen er sich nie auseinandergesetzt hatte. So konnte ich ihm manche Belastungsstörung entlocken, aber vor seiner Wohnungstür ließ er mich stehen. Mit anderen Worten. Er ließ mich noch nicht in sein Herz."

„Zu Hause durfte nicht gelacht werden"

In ihrem Buch *Lange war ich unsichtbar* beschreibt Ursula Buchfellner, wie sie als gelernte medizinische Fußpflegerin ihrem Vater die Füße behandelte. Ich wurde unwillkürlich an die Fußwaschung Jesu erinnert, der kurz vor seiner Kreuzigung seinen Jüngern die Füße wusch. War es eine ähnlich demütigende Handlung, und wenn ja, kam Ursula Buchfellner dabei ihrem Vater näher? „Irgendwann rief mich mein Vater an, ob ich ihm die Füße machen würde. Ich war zum ersten Mal in seiner Wohnung, saß ihm eine Stunde lang ganz nahe gegenüber und hatte seine Füße in meinen Händen. Ein wahnsinniger Kraftakt für mich. Dennoch wusste ich, jetzt geschieht etwas: Ich durfte meinem Vater, der mich ein Leben lang gedemütigt, missachtet und geschlagen hat, die Füße pflegen. Er war bereit, seine Füße in meine Hände zu legen. Unter den Fußsohlen befinden sich die Reflexpunkte für alle Körperorgane." So öffnete ihr Vater am Ende doch für Ursula seine Herzenstür. Und sie erfuhr endlich etwas aus seiner Vergangenheit. Er war das zehnte Kind einer sehr armen Familie. Im Zweiten Weltkrieg fielen zwei seiner Brüder in Russland, auch der Vater kehrte nicht wieder zurück. Seine Mutter, die vor Schmerz fast selber starb, konnte sich um die noch lebenden Kinder kaum kümmern. Die älteren Brüder waren extrem aggressiv und ließen ihren Frust an Ursulas Vater aus, er musste ständig viele Schläge einstecken und seine aufgestaute Wut und Hilflosigkeit verdrängen. Die Frau, die er dann heiratete, Ursulas Mutter, trug selbst schwere Wunden auf der Seele. Trotzdem fanden sie ein bisschen Glück miteinander und setzten zehn Kinder in die Welt. Als Ursulas Vater arbeitslos wurde, fing er an zu trinken und wusste nicht mehr, wie er vor lauter Sorgen die Familie durchbringen sollte. In seiner Hilflosigkeit schlug er nur noch um sich, benutzte seine Kinder als Ventil. „Freundliche, unbekümmerte Menschen in seiner Umgebung konnte er nicht ertragen, weil er selbst voller Angst und Verzweiflung war. In seinem Zuhause durfte mein Vater nicht lachen, weil es nichts zu lachen gab. Dieses Muster hat er als Vater auf uns übertragen, indem er uns Kinder jede Freude aus dem Leib geschlagen hat. Deshalb durfte zu Hause nicht gelacht werden. Als wir uns ausgesprochen hatten, konnte er wieder lachen."

Zurück zu den Wurzeln der Kindheit

Wegen ihres fehlenden Selbstwertgefühls in Kombination mit Beziehungsunfähigkeit infolge ihrer posttraumatischen Belastungsstörung nahm Ursula Buchfellner wiederholt psychotherapeutische Hilfe in Anspruch, doch zunächst erfolglos. „Als ich mich vor Jahren in Therapie begab, war sie noch nicht lösungsorientiert. Bei zwei Psychologen habe ich die Therapie abgebrochen, weil wir keine Heilungschancen sahen. Ich habe viele psychologische Wochenendseminare besucht, Fachbücher gelesen und mich mit meinen Geschwistern ausgetauscht unter der Fragestellung: Wie wirkt sich die Belastungsstörung aus der Kindheit bei mir aus? Schlussendlich kam ich auf dem Heilungsweg zu der Erkenntnis: Ich muss zurückgehen zu den Wurzeln meiner Kindheit, wo all die Wunden entstanden sind. In Verbindung mit der göttlichen Kraftquelle war es für mich die beste Therapie."

In diesem Zusammenhang erzählte ich von dem weltberühmten Wiener Psychiater und Gründer der Logotherapie und Existenzanalyse, Viktor Frankl, der mir einst gestand, dass die christliche Erlösungs- und Versöhnungsbotschaft wirksamer sei als die Psychotherapie ohne Gott. Als ich ihn darauf aufmerksam machte, dass er diese erstaunliche Einsicht in seinen Büchern nicht kundgetan habe, antwortete er: „Das kann ich mir als Wissenschaftler auch nicht erlauben, weil ich dann nicht mehr ernst genommen werde." Frau Buchfellner meinte daraufhin zu mir, dass

sie das traurig stimme, könne doch dieser berühmte Psychologe Hilfe suchenden Menschen Mut machen, den Glaubensschritt zu wagen. Sie selbst sei zwar auch in religiöser Hinsicht ein eher zurückhaltender Mensch, wenn sie aber auf Gott angesprochen werde, erzähle sie gern von ihren Glaubenserfahrungen. „Auch in meinem Buch habe ich den Glaubensaspekt nicht in den Vordergrund gestellt, weil es auch für nicht gläubige Menschen zugänglich sein sollte. Wer aber an Gott glaubt und mit ihm lebt, spürt an vielen Stellen, dass er seine Spuren hinterlässt."
Das genannte Buch widmete sie ihren Eltern mit Worten, die nur aus einer vergebungsbereiten christlichen Glaubenshaltung entstanden sein können:

„Liebe Mama, lieber Papa, Euch möchte ich von ganzem Herzen danken. Ihr habt mich auf schonungslose Weise mit Armut Gewalt, Zucht, Opfer- und Täterenergien konfrontiert. Dadurch lernte ich Bescheidenheit, Mitgefühl und Unabhängigkeit. Ich lernte, dass Gewalt immer angestaute Energien sind, die aus unverheilten Verletzungen entstehen. Und als ich begriff, dass auch Ihr Opfer Eurer Umstände seid, lernte ich die wertvollste aller Lektionen: Versöhnung."

Gottes Liebe heilt Verletzungen

Seit einigen Jahren, so erzählte mir Ursula Buchfellner, meditiere sie, reinige sie sich, mache sich leer und bitte Gott, dass er sie als Werkzeug benutzen möge. „Als ich den Versöhnungsprozess durchlaufen habe, war mir klar, wofür er mich braucht, nämlich meine Geschichte zu erzählen. Ich fungiere hier eigentlich nur als Werkzeug Gottes. Dafür bin ich unendlich dankbar, und das gibt mir einen tiefen Sinn im Leben."

Ich erfuhr, dass Ursula Buchfellners dramatische Lebensgeschichte mit einem wahren Happy End ausging, als sie mir von der letzten Begegnung mit ihrem Vater erzählte. „Mein Vater kam wegen eines Schwindelanfalls ins Krankenhaus und sollte auf das Altenheim vorbereitet werden, weil er zu schwach auf den Beinen war. Er bat mich, noch einmal, seine Füße im Krankenhaus zu behandeln. Anschließend bin ich mit meiner Schwester in die Schweiz gefahren, wo ich damals auch wohnte. Nachts träumte ich, mein Vater sei mir nachgerannt und bat mich flehentlich: ‚Ursula, ich möchte mich entschuldigen. Es tut mir leid, was ich dir angetan habe.' Ich habe mich umgedreht und hatte gerade eine Dose in der Hand: ‚Schau, Papa', sagte ich, ‚ich mach' jetzt diese Dose auf, da kommt alles Negative rein, was du mir noch verzeihen musst.' Dann machte ich die Dose zu, und alles war gut. Mein Vater lächelte mich an, drehte sich um und ging davon. Als ich am Frühstückstisch meiner Schwester diesen Traum erzählte, läutete das Telefon. Eine Krankenschwester sagte zu meiner Schwester: ‚Ihr Vater ist heute Nacht um drei Uhr gestorben.' Wir haben beide geweint, weil wir wussten: Seine Seele hat angesichts des Todes noch

Reue empfunden und wollte sich entschuldigen."
Am Anfang ihres Buches stehen die Worte „I wish, I was at home.", „Ich wünschte, ich wäre zu Hause." Hat sich dieser Wunsch erfüllt? „Mein Zuhause ist mein göttlicher Funke in mir, der mich wieder zum Leben gebracht hat. Es war mein tiefster Wunsch, Kontakt mit Jesus Christus und seiner heilenden Energie zu bekommen. Da bin ich heute angekommen und da fühl' ich mich zu Hause."
Ob Ursula Buchfellner auch ihr ersehntes familiäres Zuhause gefunden habe, möchte ich zum Schluss von ihr wissen. „Wäre mein Vater zehn Jahre vorher gestorben, hätten nur wenige Geschwister vor lauter Groll an seiner Beerdigung teilgenommen. Jetzt war die komplette Familie anwesend und mit offenem Herzen dabei. Es war ein tröstliches Familienfest. Das hat mich mit großer Dankbarkeit und Freude erfüllt. Wir sind angekommen, ein wahres Happy End."
Der Gospelsong *Why me Lord* („Warum ich, Herr") begleitete Ursula Buchfellner in den letzten Jahren durch dunkle Täler und auf schwindelerregenden Höhen. Sie sagte darüber: „Als ich diesen Song zum ersten Mal hörte, bin ich in Tränen ausgebrochen, weil seine Worte mein Herz berührten. Ich habe mich hingekniet und voller demütiger Dankbarkeit gebetet. Dieses Lied ist mir zum Gebet geworden."

„Lieber Gott, warum ich? Was hab ich je getan,
dass ich so viele Freuden erleben darf?
Hilf mir Jesus, ich habe so viel Zeit verschwendet
und jetzt weiß ich erst, wer ich bin.
Sag mir, mein Gott, gibt es einen Weg,
alles zurückzuzahlen, was Du mir je gegeben hast?
Vielleicht, lieber Gott,
kann ich ja anderen Leuten zeigen,
wie ich mich geändert habe auf dem Weg zu Dir."

Thomas Gottschalk (*1950)

Gott im Herzen und den Schalk im Nacken

Zum *Helden 2018* hat das Nachrichtenmagazin *Der Spiegel* Thomas Gottschalk gewählt, denn mit sympathischer Gelassenheit habe der Wahl-Amerikaner auf den Verlust seines 10-Millionen-Dollar-Anwesens in Malibu reagiert, das mitsamt Hab und Gut den Flammen zum Opfer gefallen war. „Es gibt größeres Elend auf der Welt", sagte der 68-Jährige wie Phönix aus der sprichwörtlichen Asche.
Ein größerer Schock war für den TV-Moderator der folgenschwere Unfall von Samuel Koch am 4. Dezember 2010 in seiner *Wetten, dass..?*-TV-Sendung. Damals war der heute 24-jährige Sportler beim Ver-

such, ein fahrendes Auto mit Sprungfedern an den Beinen zu überspringen, schwer gestürzt. Seither ist er querschnittsgelähmt. Die Reaktion der gläubigen Familie Koch habe Gottschalk tief beeindruckt. Schon am Tag nach dem Unfall habe er mit der Familie ein Vaterunser gebetet. Dieses Gottvertrauen habe sie verbunden, die Angehörigen in ihrer Verzweiflung und ihn in seiner Ratlosigkeit. Plötzlich hätten sich alle in Gott geborgen gefühlt.
Nach diesem tragischen Ereignis entschloss sich Gottschalk, seine Mitwirkung an der populärsten Samstagabendshow im deutschen Fernsehen zu beenden.
Unsere erste Begegnung kam kurios zustande. *Die Deutsche Presseagentur* (dpa) hatte ein Interview mit mir unter der Überschrift „Pastor Klempnauer betreut Prominente" an alle Presse-, Funk- und Fernsehagenturen über Deutschland hinaus gemailt. So wurde auch der Südwestfunk auf mich aufmerksam und lud mich zu einer TV-Show ein.

„Fang mit Gott an und hör mit Schalk auf"

„Dies ist eine Premiere", sagte die TV-Moderatorin Angelika Krüll zu Thomas Gottschalk in der Fernseh-Livesendung zum 20-jährigen Jubiläum des Südwestfunks in Baden-Baden. „Thomas, Sie haben Pfarrer Klempnauer noch nicht persönlich kennengelernt und er Sie auch nicht", sagte die Moderatorin. Eigentlich sollte ich interviewt werden. Erst wenige

Minuten vor Sendebeginn wurde das Konzept umgestellt. Als Promi-Pfarrer sollte ich nun Gottschalk interviewen. Unvorbereitet stand ich dem „Showmaster der Nation" gegenüber, der vom Bayrischen Rundfunk zugeschaltet war und von einer Großleinwand wohlwollend auf mich herabschaute.

„Muss ich jetzt ‚Herr Pfarrer' sagen, oder?", fragte Gottschalk mich etwas verunsichert. Da er seine Mitmenschen am liebsten mit Vornamen anrede, einigten wir uns auf „Günther" und „Thomas".

Als die Show bereits lief, erhöhte sich mein Lampenfieber, denn ich wusste, dass meine erste Frage wohlüberlegt sein müsse, da sie entscheidend für den weiteren Verlauf des Gesprächs sein würde. Dann kam mir eine Eingebung, und ich atmete erleichtert durch. Im nächsten Augenblick wurde ich auf die Bühne gerufen und stand im Licht der Scheinwerfer.

„Thomas", begann ich etwas aufgeregt, „wenn ich an deinen Familiennamen ‚Gottschalk' denke, frage ich mich als Theologe: Hast du Gott im Herzen und den Schalk im Nacken oder umgekehrt?" Das war ein Volltreffer, und Thomas plauderte los. Er zitierte seinen Vater, der immer gesagt habe: „Fang mit Gott an und hör mit Schalk auf." Bevor er jetzt beichten müsse, möchte er erst einmal von mir wissen, ob ich katholisch oder evangelisch sei. Als ich „evangelisch" sagte, gestand Gottschalk: „Evangelischer Pfarrer wäre ich vielleicht auch geworden, weil ich dann mit dem Zölibat keine Probleme hätte. Aber in meinem Beruf habe ich durchaus auch Möglichkeiten, Menschen ein bisschen mitzureißen. Das ist

ja, was ihr im Grunde am Sonntag in der Kirche auch versucht, ich habe nur ein paar Zuschauer mehr."
Ich erinnerte an den populären Fernsehpfarrer Adolf Sommerauer, der Christen gern in der Hofnarrenrolle einer pluralistischen Gesellschaft sehen würde. Der Hofnarr brauchte im Unterschied zur etablierten Hofgesellschaft keine falschen Rücksichten zu nehmen, unbequeme Wahrheiten vor dem König auszusprechen; er hatte Narrenfreiheit; denn er wurde nicht ganz ernst genommen. So müssten Christen auch den Mut haben, Gott, Schuld oder Auferstehung ins Gespräch zu bringen, auch wenn sie ausgelacht werden. Ich fragte den „Hofnarr der Nation", ob er sich eine solche Rolle vorstellen könne. Schmunzelnd antwortete Gottschalk: Es stimmt, ich habe Gott im Herzen und den Schalk im Nacken, aber manchmal auch den Schalk im Herzen und Gott im Nacken. Mein Onkel ermahnte mich auch immer, dass ich etwas frommer wirken solle. Als Showmaster ist es für mich problematisch, die Leute anzupredigen. Gut wäre es, wenn mal ein lockerer Pfarrer in meiner Sendung auftreten würde, damit ich als Unterhalter nicht plötzlich selber den Pfarrer raushängen lassen muss, was mir ohnehin niemand abnimmt."

„Wetten, dass Thomas Gottschalk nach Siegen kommt?"

Nach unserem geistreichen TV-Gespräch nahm der Fernsehunterhalter an einem Telespiel unter Mitwirkung der Zuschauer und Ehrengäste teil. Als Sieger wurde Gottschalk von der Moderatorin dazu verdonnert, am Religionsunterricht von Günther Klempnauer in seiner Siegener Berufsschule teilzunehmen. Gottschalk widersprach nicht. Für mich eine einmalige Chance. Das Eisen muss geschmiedet werden, solange es heiß ist. Gleich am nächsten Tag schrieb ich einen Artikel für die Siegener Zeitung mit der Überschrift: „Wetten, dass Thomas Gottschalk nach Siegen kommt?" und berichtete von der Fernsehshow in Baden-Baden. Am selben Wochenende lief die *Wetten, dass..?*-Sendung. Und Montag rief ich seinen Manager Antonio Geißler in München an und las ihm den Siegener Zeitungsbericht vor. Dann beschwor ich ihn: „Hunderttausend Leser im Siegerland wissen jetzt, dass Gottschalk nach Siegen kommt. Wann können wir einen Termin machen?" „Moment mal", reagierte der Manager. „Das kommt gar nicht infrage. Was meinen Sie, was Thomas im Eifer des Gefechts alles verspricht. Als beispielsweise Karlheinz Böhm sein Entwicklungsprojekt in Äthiopien in seiner TV-Show vorstellte, war Thomas so begeistert, dass er ihn in Afrika besuchen wollte. Am nächsten Tag meldeten sich Journalisten und Fotografen, die ihn begleiten wollten und für Exklusivaufnahmen sechsstellige Summen anboten.

Woche für Woche habe ich 50 bis 60 Anfragen für Interviews vorliegen. Und dann soll Gottschalk auch noch nach Siegen. Wie stellen Sie sich das vor?"
„Ich stelle mir aber vor, Herr Geißler, nach München zu kommen und im Bayrischen Rundfunk, wo Thomas gelegentlich Radiosendungen moderiert, mit ihm ein Interview zu machen. Wir haben uns in Baden-Baden glänzend verstanden und müssen unser Gespräch unter vier Augen unbedingt fortsetzen. Was halten Sie davon?" Peinliches Schweigen. Schließlich willigte er ein und sagte, er wolle Thomas meinen Vorschlag unterbreiten. Am nächsten Tag lud er mich nach München ein.
Ohne Publikum und TV-Kameras war alles ungezwungener. Der TV-Moderator war noch zu erkennen, aber ungeschminkt, ohne Designerklamotten und Lockenpracht, die Haare waren nach hinten zusammengebunden. Doch seine Augen strahlten wie immer. Wir waren uns sofort wieder sympathisch und duzten uns. In seinem mit *Coca-Cola*-Reklame ausgeschmückten Arbeitszimmer machten wir es uns bequem. Zuvor schicke ich die Bitte um Verständnis, dass ich sehr intime Aussagen innerhalb unseres aufgezeichneten Gesprächs von Thomas Gottschalk und seiner Beziehung zu Gott für mich behalten muss.

Authentische Vorbilder sind gefragt

„Schade, dass du nicht nach Siegen in meinem Religionsunterricht gekommen bist. Nun mache ich

mich zu deinem Sprachrohr und werde den Schülern berichten, was du ihnen vielleicht gesagt hättest", begann ich mein Interview. Im heutigen Religionsunterricht könne es weniger darum gehen, den brennenden Dornbusch und den Auszug der Israeliten aus Ägypten zu interpretieren, meinte der examinierte Lehrer. Und weiter: Die Kids von heute würden viel eher Antworten auf Lebensfragen mit christlichem Hintergrund erwarten, die sich ihnen jeden Tag stellen. „Wichtig sind authentische Vorbilder, die vorleben, was sie glauben."
Thomas Gottschalks Vater war Rechtsanwalt und starb an Krebs, als Thomas zwölf Jahre alt war. Voller Hochachtung sprach er von dem praktizierenden Katholiken, einem konservativen Mann mit Herzensbildung. Er würde immer noch von dem zehren, was sein Vater ihm mitgegeben habe. Durch ihn habe er gelernt, ohne Angst auf seine Mitmenschen zuzugehen. „Er könne mich auf den Weg stellen, aber gehen müsse ich allein, hat er immer gesagt." Sein Vater lebte nach der goldenen Regel der Bergpredigt: „Behandelt den anderen genauso, wir ihr selbst behandelt werden wollt."
Vaterersatz wurde sein Onkel Hans, ein Priester, für den sich Thomas immer noch begeistert: „Schon mit fünf Jahren saß ich auf seinem Schoß und habe mir biblische Geschichten angehört, wie zum Beispiel Jona im Walfisch saß oder Samson seine Kraft verlor, weil Delila ihm im Schlaf die Locken abgeschnitten hat. Ich habe den Unterschied von Gut und Böse am Beispiel von Kain und Abel kennengelernt. Die Kin-

der von heute müssen sich derweil mit Comichelden behelfen. Bis zu meinem 15. Lebensjahr wollte ich Priester mit römischem Kragen und wallendem Talar werden."
Als sein inzwischen erwachsener Sohn dreizehn war, habe er mit ihm darüber diskutiert, ob Jesus wirklich gelebt habe, was dieser bezweifelte. Daraufhin habe Thomas ihm gesagt: „Wenn du schon nicht an Gott glaubst, kann ich nur hoffen, dass Gott an dich glaubt."

„Gott bleibt mir ein bisschen unsichtbar"

Seine eigene Frömmigkeit sei eine Folge der religiösen Erziehung in seinem Elternhaus und in der Verwandtschaft, sagte Thomas. Als 15-Jähriger hatte er noch blindes Gottvertrauen. Jetzt sei es viel schwieriger, seine Frömmigkeit über die Runden zu retten. Wir sprachen über die Bücher des katholischen Theologen Hans Küng, die er mit großem Interesse gelesen hätte, wie z. B. *Existiert Gott?*. Trotzdem bleibe ihm Gott ein bisschen unsichtbar, aber er würde an seiner Existenz nicht zweifeln. Nur die schreiende Ungerechtigkeit in der Welt mache ihm zu schaffen. Dann las er mir den Brief eines Zwölfjährigen vor, der unter der furchtbaren Erbkrankheit Mukoviszidose leidet. Vor einer Woche hatte das Krankenhaus Thomas mitgeteilt, dass der Junge gestorben sei. Thomas klagte: „In solchen Fällen beginne ich, an Gottes Güte und Allmacht zu zweifeln, und die

Weltgeschichte ist voll von solchen Schicksalen. Jetzt aber über die Theodizee-Frage, warum Gott das Leid zulässt, zu diskutieren, würde den zeitlichen Rahmen unseres Gesprächs sprengen." Also wechselte ich das Thema und zitierte einen Bibelvers aus dem Buch Kohelet: „Alles, was auf der Erde geschieht, hat seine Zeit: Weinen und Lachen, Wehklagen und Tanzen ..." „Du stehst auf der Sonnenseite des Lebens und hast viel Grund, dankbar und fröhlich zu sein", sagte ich zu Thomas und ergänzte noch Martin Luther: „Warum geht es in der Kirche oft so humorlos zu?" Das wollte ich auch von dem immer lächelnden Entertainer wissen. „Meine Antwort ist sehr subjektiv. Ausgerechnet die blassesten Klassenkameraden sind Pfarrer geworden. Die vielen Witzbolde und lustigen Kerle, die auch eine gewisse sittliche Reife hatten, haben andere Berufe ergriffen. Meine Erfahrung zeigt leider, dass die Christusbotschaft fröhlicher ist als ihre Boten. Die Fröhlichkeit lässt nach oben hin nach. Die Kardinäle schmunzeln zuweilen, mehr aber auch nicht. Warum bringen Pfarrer die Gläubigen im Gottesdienst nicht auch mal zum Lachen?" Thomas war in seinem Element und führte weiter aus: „In dem Buch *Der Name der Rose* gibt es ein Kapitel, in dem darüber diskutiert wird, ob Jesus auf der Erde gelacht hat. Natürlich hat er gelacht. Ich denke zum Beispiel an das Wunder der Brotvermehrung. Da gibt es nicht nur den Aspekt des Wunders, sondern auch den Tatbestand, dass Jesus einen ganzen Tag lang geredet hat, ohne dass die Zuhörer ihm wegliefen. Man stelle sich vor, die Gottesdienstbesucher hätten bei einer Predigt die Möglichkeit, per Knopfdruck auf ein anderes Programm umzuschalten, wenn es langweilig wird."

Wo bleibt der zündende Funke in der Predigt?

Seine TV-Shows sind unterhaltsam. Was möchte er damit erreichen? Offen gab er zu: „Mit meiner Show kann ich keine Menschen verbessern oder Probleme aus der Welt schaffen. Der Zuschauer soll sich in seinem Sessel zurücklehnen, sich entkrampfen und herzhaft lachen. Wenn zum Beispiel ein Ehepaar sich vorher gestritten hat, anschließend aber *Wetten dass..?* guckt und gemeinsam über den gleichen Blödsinn von mir lacht, wird es ihm hinterher viel leichter fallen, sich seinen Problemen entspannter zu nähern."
Ich verriet dem TV-Moderator, dass ich häufiger die von ihm interviewten Gäste später kontaktiere, um mit ihnen über Gott und ihre Welt zu sprechen. Das sei oft noch spannender und gewinnbringender als seine Show. Welchen Tipp würde er den kirchlichen Sprechern für das „Wort zum Sonntag" geben, das im Anschluss an seine Show am Samstagabend gesendet wird. „Natürlich kann die Kirche keine Wetten aufführen und Gottschalk auf die Kanzel stellen", sagte er entschuldigend. „Manchmal wirken diese Pfarrer auf mich aber ziemlich abgehoben. Alles, was da passiert, ist ein bisschen weltfremd. Natürlich soll der Geistliche eine Rolle spielen, aber

mehr aus dem konkreten Leben der Menschen heraus. Anstatt zu sagen: ‚Ich habe in der letzten Woche einen Menschen getroffen', wäre es zum Beispiel sinnvoller zu sagen: ‚Ich habe in der letzten Woche *Tatort* geguckt.' Es werden oft Erlebnisse erzählt, mit denen sich die Masse nicht identifizieren kann. Die Gottesdienstbesucher müssen auch das Gefühl haben, dass vorne am Altar einer steht, der sie mitreißt, der irgendetwas hat und an irgendetwas glaubt, was auf den anderen überspringt. Wo bleibt der zündende Funke in der Predigt oder im Gebet? Das kommt leider selten rüber."

Ich erzählte Thomas, dass ich in jungen Jahren noch keineswegs tiefgläubig war, sondern sehr zweifelte und keinen Weg zu Gott fand. Ich erzählte von meiner Bekehrung, als ich 18 war und einen deutschen Missionar, der in China war, fragte, wie ich ein persönliches Verhältnis zu Gott bekommen könne. Er machte mich auf ein Bibelwort des Propheten Jesaja aufmerksam. In seinem Buch heißt es: „Fürchte dich nicht; denn ich habe dich erlöst, spricht Gott, der Herr. Ich habe dich bei deinem Namen gerufen. Du bist mein." Der Missionar machte mir Mut, diesen Zuspruch für mich als Anspruch und Geschenk persönlich anzunehmen und Gott dafür zu danken. Das tat ich. Als ich am anderen Morgen aufwachte, hätte ich die ganze Welt umarmen können. Mir fiel spontan das Spiritual ein: *He got the whole world in his hand* – Er hält die ganze Welt in seiner Hand. Er hält auch dein Leben in seiner Hand. Diese Zuversicht begeistert mich bis heute. Den ersten Anstoß

zum Glauben habe ich als Zwölfjähriger am Grabe meines Vaters bekommen, als wir das Lied sangen „So nimm denn meine Hände und führe mich ..." Meine verzweifelte Mutter wurde getröstet durch den Liedvers: „In dein Erbarmen hülle mein schwaches Herz und mach es gänzlich stille in Freud und Schmerz ..." Hier erlebte sie die tröstliche Gegenwart Gottes, die bis an ihr Lebensende anhielt.
Thomas hörte andächtig zu und bekannte: „Als mein Vater starb, war ich auch zwölf. Meine Mutter war sehr religiös. Aber es ist ihr schwergefallen, mit seinem Tod fertigzuwerden. Wenn ich als Ministrant bei der Abendmesse ministrierte, zog Weihrauchduft an den Kirchenfenstern hoch. Da hat sich irgendetwas bei mir festgesetzt. Man kann sagen, da ist so ein Urvertrauen gewachsen, das mich bis heute erfüllt."

„Wir werden einfach in ein bestimmtes Kästchen gesteckt"

Es tat uns Männern gut, über den eigenen Glauben zu sprechen. Warum ist Gott im öffentlichen Leben eigentlich tabu? Ich erwähnte den Bundespräsidenten Richard von Weizsäcker, der mich gerne zu einem Interview empfangen hätte, aber nur unter der Bedingung, die Sinn- und Gottesfrage auszuklammern. Warum ist Gott in unserer Gesellschaft tabu? Der praktizierende Katholik gab zu bedenken: „In Deutschland herrscht ein gewisses Ghettodenken.

Der Gottschalk hat sich gefälligst zu Schalk, aber nicht zu Gott zu äußern. Wenn ich jetzt anfangen würde, plötzlich fromm zu werden, hieß es: Will der Gottschalk in christlichen Kreisen Pluspunkte sammeln? Wir werden einfach in ein bestimmtes Kästchen gesteckt. Das ist unser großes Problem. Ich bin für die Abteilung Heiterkeit zuständig, nicht für die Abteilung Gottesglaube. Würde ich jetzt anfangen über Gott zu diskutieren, würden Theologen mir Ahnungslosigkeit vorwerfen. Und die Witzbolde fühlten sich verscheißert. Wie auch immer, die Gefahr ist relativ groß, ins Zwielicht zu geraten."
Während das Thema „Gott" in unserer säkularen Gesellschaft tabu ist, wird der Intimbereich Sexualität hemmungslos diskutiert. Was ist der Unterschied? Die Antwort des TV-Moderators war kurz und bündig: „Mit dem Sexualtrieb kann jeder Mensch etwas anfangen, aber nicht mit der Religion. Gott läuft mir nicht so schnell über den Weg."
Ich machte einen kleinen psychologischen Exkurs: Während Sigmund Freud den Sexualtrieb in den Mittelpunkt stellte, wies Carl Gustav Jung darauf hin, dass der oft unterdrückte religiöse Urtrieb bei über 40-Jährigen noch ausgeprägter in Verbindung mit der Sinn- und Gottesfrage sei. Ähnlich argumentiert Viktor Frankl, der Begründer der Logotherapie: „Nicht der Wille zur Macht und der Wille zur Lust, sondern der Wille zum Sinn gehöre zum Wesen des Menschen. Die schlimmste Krankheit unserer Zeit sei das Sinnlosigkeitsgefühl, dass es weder ein Leben vor und nach dem Tod gäbe. Dieser Nihilismus

komme in dem Kultfilm *Das Leben des Brian* von Monty Python zum Ausdruck, wo es am Ende heißt: „Du kommst aus dem Nichts, du gehst in das Nichts. Nichts ist Nichts. Ende der Fahnenstange."
Auch Thomas zeigte sich besorgt: „Ich weiß nicht, wie man diesen destruktiven Trend aufhalten kann, denn die No-Future-Haltung ist das Ende von allem."
Auf die Frage, ob er selber an ein Leben nach dem Tod glaube, antwortete er: „Sobald es ans Glauben geht, kannst du ja nur hoffen, dass es letztendlich weitergeht. Nein, ich glaube nicht an das dunkle Loch nach dem Tod. Aber es ist noch keiner zurückgekommen. Lieber möchte ich im Augenblick des Todes enttäuscht werden, als wie ein Atheist sein Leben lang an nichts geglaubt zu haben. Mein Onkel Hans hatte eine Vorbildfunktion für mich. Der katholische Pfarrer ist mit 84 Jahren in der festen Überzeugung gestorben, das ewige Leben zu erwarten. Wenn ich am Ende die Augen zumache und merke, dass große Licht bleibt aus, habe ich zumindest das Gefühl gehabt, nach lohnenswerten Maximen wie ‚Liebe deinen Nächsten wie dich selbst' gelebt zu haben."

„Thomas ist zu Hause noch unterhaltsamer"

Zuletzt begegneten wir uns 2007 im ehemaligen Plenarsaal des Deutschen Bundestages in Bonn anlässlich der Verleihung des Cicero-Rednerpreises an Thomas Gottschalk. Dabei lernten meine Frau Monika und ich auch seine damalige, langjährige Ehefrau Thea Gottschalk kennen, die mit ihrem Mann die Vorliebe für einen auffallenden Kleidungsstil teilte, wie unschwer zu erkennen war. Beeindruckender war für mich die Auskunft: „Thomas ist zu Hause noch unterhaltsamer als im Fernsehen. Es stört mich nicht, dass er dauernd auf Sendung ist, weil er mir kein Sparprogramm bietet und seinen Witz nicht an der Haustür abgibt." Genauso witzig und unterhaltsam habe auch ich ihn erlebt. Und liebenswürdig obendrein, was sogar meine Frau in Bonn miterleben durfte. Der gefeierte Cicero-Preisträger war dem Blitzlichtgewitter der Fotografen ausgesetzt und genoss anschließend das Mittagessen. Da ich mit den Fotoaufnahmen nicht zufrieden war, störte ich Thomas beim festlichen Mittagsmenü und bat ihn, sich noch einmal mit mir fotografieren zu lassen. Andere Fotografen stürmten herbei. Aber Thomas ließ sich nicht aus der Ruhe bringen und lächelte in unsere Kamera.

Dann sagte er: „Monika, nimm dir Zeit, damit ihr keinen Ärger zu Hause bekommt, wenn die Bilder nichts geworden sind." Tatsächlich war das letzte Foto am besten geworden. Danke, Thomas!

Michael Patrick „Paddy" Kelly (*1977)

Ein Märchen wird wahr

Die *Kelly Family* ist wieder da. Nach mehrjähriger Pause startete sie 2017 ihr Comeback in drei sofort ausverkauften Konzerten in der Westfalenhalle. Im November und Dezember 2019 geht es auf Jubiläumstournee mit dem erfolgreichsten legendären Album *Over the Hump,* mit dem sie von heute auf morgen von Straßenmusikern zu Megastars wurden. Die Gruppe verkaufte rund 20 Millionen Tonträger, zwei Millionen Videos und DVDs und feierte Erfolge in ganz Europa, Brasilien, Südafrika und China. Jedoch nicht mehr dabei ist „Paddy", das wohl populärste Familienmitglied und der musikalische Kopf der Familienband. Im Alter von 15 Jahren komponierte er den Titel *An Angel*, der für die *Kelly Family* 1994 den kommerziellen Durchbruch bedeutete. Unter dem Namen Michael Patrick Kelly startete er eine überaus erfolgreiche Solokarriere und fungiert seit 2018 als Coach bei der TV-Show *The Voice of Germany*. Ende 2004 zog sich Paddy aus der Öffentlichkeit zurück und lebte als Mönch im katholischen Kloster des Ordens der Gemeinschaft vom heiligen Johannes im französischen Burgund. Im November 2010 trat Michael Patrick Kelly wegen gesundheitlicher Probleme aus der Ordensgemeinschaft aus. Außerdem hatte er die Berufung und das Bedürfnis, wieder Musik zu machen. Mit der Single *Shake Away* meldete sich Paddy als Michael Patrick Kelly 2015 zurück in der kommerziellen Musikwelt. Sein Album *Human* stieg auf Platz 3 der deutschen Charts ein. 2016 erschien das Album *Ruah*, ein musikalischer Rückblick auf seine Zeit im Kloster, in der die meisten Songs entstanden. Als Titel dieser Sammlung spiritueller Lieder wählte Michael Patrick Kelly das hebräische Wort „Ruach", welches im biblischen Kontext für „Geist" oder „Atem" steht. Er wünscht sich von der Kirche, „dass die Tore weit aufgemacht werden, damit wir Platz für den Schöpfergeist machen und etwas Neues geschehen kann"[5]. Paddy Kelly wurde

---

[5] Paddy Kelly – vom Mönch zum „The Voice"-Coach. In: Kirche + Leben. Das katholische Online-Magazin vom 15.10.2018. Online unter: https://www.kirche-und-leben.de/artikel/paddy-kelly-vom-moench-zum-the-voice-coach/.

im Herbst 2016 für die vierte Staffel der Musikshow *Sing meinen Song – Das Tauschkonzert* unter Vertrag genommen, eine beliebte, von verschiedenen prominenten Sängern gestaltete Sendung, bei der je Abend die Lieder eines anderen Sängers gesungen und neu interpretiert werden. 2018 wurde die Sendung für den Deutschen Fernsehpreis 2018 in der Kategorie Beste *Unterhaltung Primetime* nominiert. Als *Beste Show* erhielt sie 2018 die Goldene Kamera. Der heute 42-jährige gebürtige Ire ist seit 2013 mit der Journalistin und Religionsphilosophin Joelle Verreet, verheiratet, die er seit seiner Jugend kennt. Kennenlernen durfte ich Paddy 2004 im Freizeitpark *Phantasialand* bei Köln, wo ich fast einen ganzen Tag im Rahmen eines Konzerts der *Kelly Family* Zeit hatte, in die Geschichte ihrer (passend zum Ort des Geschehens) „fantastischen" musikalischen Karriere sowie in ihre Lebens- und Glaubenserfahrungen einzutauchen. Im selben Jahr ging Paddy ins Kloster und wurde Mönch. Vielleicht hatte ja unser tiefgründiges Glaubensgespräch dazu Anlass gegeben. Wer weiß!

„Kinder, unser Leben hat sich verändert"

Die Lebensgeschichte der *Kelly Family* klingt fast wie ein Märchen. Es war einmal ein glückliches Ehepaar – Barbara Anne und Daniel Jérôme Kelly. Mit den ersten vier Kindern verließen die beiden 1966 ihre Heimat in den Vereinigten Staaten und ließen sich in Südspanien nieder. Hier betrieb Vater Daniel zunächst ein Antiquitätengeschäft und danach eine Künstlerkneipe. Tänzerin Barbara gab ihren Kindern Ballett- und Musikunterricht. Aus Spaß am Musizieren trat die Folkloregruppe bei Geburtstagsfeiern, Hochzeiten und Stadtfesten auf, bis die „Kelly-Kids" 1975 im spanischen Fernsehen ihr Debüt gaben. Ein Jahr später fuhr die ganze Familie nach Rom, wo der Vater vor seiner Heirat vier Jahre lang das Jesuitenkolleg besucht hatte. Dort wurde ihr Kleinbus bis auf die Instrumente und Reisepässe ausgeraubt. Sie hatten kein Geld mehr und standen buchstäblich auf der Straße, und so entschlossen sie sich, auf Roms öffentlichen Plätzen zu singen, um auf diese Weise zu etwas Geld zu gelangen. Die Passanten scharten sich um die Musikanten, spendeten begeistert Beifall und das Geldkörbchen wurde immer voller. Am Ende des ersten Tages verkündete Vater Dan: „Kids, our life has changed!" – „Kinder, unser Leben hat sich verändert." Von da an reiste die singende Kelly Family von Land zu Land. Sie lebten zeitweise in Österreich, den Niederlanden, in Irland und Deutschland. Ihren ersten Plattenvertag unterschrieben die immer populärer werden Straßenmusiker 1977 in Deutschland. Drei Jahre später wurde ihr Song *Who will come with me* Spitzenreiter der niederländischen und belgischen Hitparade. Es folgten vierzig Fernsehauftritte.

Als Mutter Barbara 1981 an Brustkrebs erkrankte, kehrte die Familie in das südspanische Pamplona zurück. Mit dem Tod der geliebten Mutter ein Jahr später stockte zunächst auch die vielversprechende Karriere der Kellys. Allmählich fasste die *Kelly Family* aber wieder Mut und ging 1983 schließlich erneut auf Wanderschaft. Sie lebten in Paris, zogen als Straßenmusiker durch 20 Bundesstaaten der USA und kehrten schließlich 1988 nach Deutschland zurück, wo sie eine Zeit lang auf einem Hausboot sesshaft wurden.

Liveauftritt vor 250.000 Fans in Wien

Nach mancherlei Schicksalsschlägen gelang der *Kelly Family* 1994 mit ihrem in Europa 4,5 Millionen Mal verkauften Album *Over the Hump* der endgültige Durchbruch. Dieses Album gehört bis heute zu den meistverkauften Tonträgern in Deutschland aller Zeiten. Alle europäischen Fernsehstationen rissen sich Mitte der 90er-Jahre um die populäre Band, die bis 1995 große Publikumspreise wie den *Bambi*, den *Goldenen Löwen*, die *Goldene Europa* und den deutschen Videopreis gewann. Die *Kelly Family* füllte auf ihren Konzerttourneen zahlreiche Fußballstadien in ganz Europa. Ihren größten Liveauftritt feierten sie in Wien vor 250.000 Menschen.

Ihren Hauptwohnsitz verlegte die *Kelly Family* 1998 in die Nähe von Köln und residierte fortan in dem von ihnen erworbenen *Schloss Gymnich*, dem früheren Gästehaus der Bundesrepublik Deutschland, in dem hohe Staatsgäste untergebracht worden waren. Mit dem Tod ihres geliebten 71-jährigen Vaters erlebten die Schlosskinder erneut die schmerzliche Vergänglichkeit des menschlichen Lebens.

Die Eltern waren nun beide tot, aber das Leben der zwölf Kelly-Kinder ging weiter. Sechs von ihnen setzten die musikalische Tradition der *Kelly Family* fort: Angelo, Jimmy, Joe, Maite, Paddy und Patricia. Im Rahmen ihrer Europa-Tournee stellte die *Kelly Family* am 2. Mai 2004 auch im *Phantasialand* in Brühl bei Köln ihr neues Album *Homerun* (Heimkehr) vor. Hier traf ich Paddy Kelly, das zehnte Kind der Familie und den Liebling der Kelly-Fans, zu unserem mehrstündigen Gespräch.

"Paddy, wo sind deine langen Haare?"

Auf den ersten Blick war ich irritiert, als mir Paddy freudig entgegenkam. Die legendären langen Haare waren einem Kurzhaarschnitt gewichen. Er begrüßte mich wie einen väterlichen Freund, auf den er schon lange gewartet hatte. Er nahm mich gleich mit in den Konzertsaal, wo er im nächsten Augenblick auf der Bühne im Rampenlicht stand. Die Mädchen auf den vollbesetzten Rängen kreischten und wie aus einem Munde riefen sie: "Paddy, wo sind deine langen Haare?"

Als er wieder backstage war, erklärte er mir den Grund: "Meine Haare habe ich mir abschneiden lassen, weil ich keine Lust mehr hatte, sie ständig zu waschen und in Form zu bringen. Vielleicht habe ich mit der veränderten Frisur aber auch unbewusst eine neue Seite in meinem Leben aufgeschlagen. Jeder Mensch kommt in ein Alter, wo er erwachsen werden will, obwohl das Kind im Manne nicht sterben sollte. Tatsächlich hat für mich ein neuer Lebensabschnitt begonnen."

„Manchmal wäre ich gern ein Engel"

Gern erinnerte ich mich an das 15-jährige Teenyidol mit schulterlangen Haaren, das mit seinen Geschwistern seinen Welthit *An Angel* (Ein Engel) sang. Was wollte er damit ausdrücken? Paddy antwortete: „‚Manchmal wäre ich gern ein Engel', singe ich. ‚Ich wünschte, ich wäre so wie du und hätte dein Paar Flügel. Davon träumte ich in der letzten Nacht, als ich auf der Jagd nach Schmetterlingen war, bis der Sonnenaufgang meine Augen öffnete.' Dieses Lied spiegelt die Sehnsucht vieler Menschen wider. Wie gerne würden wir manchmal davonfliegen in eine schöne Welt, die wir in unseren Träumen erleben und gerne festhalten möchten." Ich schaute in seine Augen, die tatsächlich strahlten, als ob ihn ein Engel berührt hätte. Eine Ruhe und Zuversicht ging von ihm aus, die mich neugierig machte. Gern ging er darauf ein: „Vielleicht hat es etwas mit dem zu tun, was der Kirchenvater Augustinus mal gesagt hat: ‚Wir sind zu dir hin geschaffen, o Herr, und unser Herz ist so lange unruhig, bis es ruht in dir.' Jeder Mensch ist von Gott geschaffen, aber nur wenige haben es begriffen. Ich habe meine Ruhe in Gott gefunden."

Wir kamen auf sein Elternhaus zu sprechen, und ich wollte wissen, ob er im christlichen Glauben aufgewachsen sei. „Mein Vater wollte ursprünglich Mönch werden", sagte er. „Er hat sogar vier Jahre im Jesuitenorden in Rom gelebt und im *Kloster St. Gregoriano* Theologie und Kirchengeschichte studiert. Dann hat er sich doch anders entschieden und geheiratet. Aus seiner ersten gescheiterten Ehe brachte er vier Kinder mit und mit meiner Mutter hatte er dann noch acht Kinder. Seine Stärke lag weniger in christlicher Unterweisung in Worten als vielmehr in Taten, die mir immer in Erinnerung bleiben werden. Dafür gibt es viele Beispiele. Als es dem *Zirkus Roncalli*, in dem wir hin und wieder aufgetreten waren, finanziell sehr schlecht ging, hat mein Vater zusammen mit den älteren Kindern in Wien auf der Straße gesungen und dem *Roncalli*-Besitzer Bernhard Paul abends das gespendete Geld auf den Tisch gelegt und gesagt: ‚Für deinen Traum.'" Diese praktizierende Nächstenliebe sei ihm und seinen Geschwistern so in Fleisch und Blut übergegangen, dass sie fast schon automatisch auf ähnliche Weise Barmherzigkeit übten, als sei es selbstverständlich. Was sie bei ihren Eltern hautnah miterleben, Geschenke an hilfsbedürftige Menschen geben, wollten sie später gerne fortführen.

„Keep your spirit free"

Tief bewegt sprach Paddy von seinem Vater, der nach seinem zweiten Schlaganfall wieder eine intensivere Beziehung zu Gott bekam. Er sei acht Monate ans Bett gefesselt gewesen und habe sich kaum noch verständigen können. Zuletzt seien alle Geschwister von nah und fern angereist und hätten sich an seinem Sterbebett versammelt. „Es war unglaublich, wie bewusst und mutig Vater dem Tod ins Auge blickte. Für mich war es seine eindrucksvollste Tat; denn er wusste, dass der Tod nur der Durchgang zum ewigen Leben ist." Dann zitierte Paddy noch die französische heilige Thérèse von Lisieux: „Der Tag meines Todes wird das größte Fest meines Lebens sein."

Ich fragte Paddy, ob es ein Vermächtnis seines Vaters gäbe, dass sein Leben bis heute präge. Als ob er auf diese Frage gewartet hätte, sagte Paddy: „In den letzten Monaten konnte sich mein Vater nur noch mit Händen und Blicken verständigen. Als ich neunzehn war, hat er mir eingeprägt: ‚Keep your spirit free.' Ich sollte mich von nichts und niemandem einschränken lassen. Gott habe jeden Menschen als einmalige Persönlichkeit geschaffen, die man nicht umformen sollte. Es ist wichtig, die eigenen Talente zu entdecken und zu fördern. Nur wenn der Geist frei sei, könne er sich auch entfalten."

Der belesene junge Musiker untermauerte diese Geistesfreiheit mit den KZ-Erfahrungen des Wiener Psychologen Viktor Frankl aus seinem Buch *Trotzdem*

Ja zum Leben sagen. Man könne dem KZ-Häftling alles nehmen, nur nicht die letzte menschliche Freiheit, sich zu den gegebenen Verhältnissen so oder so einzustellen. Es habe im Lager jeden Tag Tausende Gelegenheiten gegeben, diese innere Einstellung einzunehmen. Überlebt hätten nur jene KZ-Häftlinge, die sich von ihren Peinigern nicht in ihrem Geist gefangen nehmen ließen.

„Keep on singing"

Auch von seiner Mutter hatte der damals vierjährige Paddy ein Trostwort bekommen. Unter großen Schmerzen habe sie auf dem Sterbebett ihre Kinder mit den Worten getröstet: „Ich werde immer bei euch bleiben, auch wenn ich gestorben bin. Dann wohne ich nur in einem anderen Zimmer." Dann habe sie gesagt: „Keep on singing" – „Hört niemals auf zu singen". Daran habe sich die ganze Familie jahrelang gehalten. Nach dem Tod ihrer Mutter (1982), ergänzte Paddy, habe die Familie zwölf Jahre lang als Straßenmusiker regelrecht geschuftet. In dieser leidvollen Zeit wären sie zusammengewachsen, weil sie einander brauchten und gemeinsam von Mutters Aufforderung motiviert waren: „Keep on singing!"
Auch in der Kirchengeschichte kennt sich der irische Sänger aus – mit den passenden Zitaten: „Wer singt, betet zweimal", habe der heilige Augustinus gesagt. Und von Mutter Teresa stammen die Worte: „Eine Familie, die zusammen betet, bleibt auch zu-

sammen." Viele Lieder seien der *Kelly Family* zum Gebet geworden.

Schulausbildung, Hobby und Traumberuf

Aufmerksam verfolgte meine elfjährige Enkeltochter Berenike unser Gespräch. Auch Berenike war gerade vier Jahre alt, als ihre Mutter an Krebs starb. Überraschend schaltete sie sich ein mit der Frage: „Paddy, wo bist du zur Schule gegangen?" „In den Vereinigten Staaten besaßen mein Vater und zwei Onkel eine Privatschule", sagte er. „Als wir nach Spanien zogen, hat Vater uns noch zu Hause unterrichtet. So haben alle zwölf Kelly-Kinder nie eine öffentliche Schule besucht." Nun übernahm Berenike meinen Part und fragte weiter: „Ihr seid ja immer wieder umgezogen, von Land zu Land, wo andere Sprachen gesprochen wurden wie Spanisch, Italienisch, Deutsch und Französisch. War das nicht schwierig für euch?" „Unsere Muttersprache war immer Englisch", erklärte Paddy. „Aber wenn wir zum Beispiel in Deutschland wohnten, haben wir ihre Landessprache gelernt. Und so ging es überall, bis wir uns im Laufe der Zeit in fünf Sprachen gut verständigen konnten. Mit der Grammatik hapert es allerdings oft ein wenig."
Berenike konnte sich nicht vorstellen, dass die Kelly-Kinder ohne Lehrer fünf Sprachen erlernt hatten. Oder hatte vielleicht der Vater alle Sprachen beherrscht? „Nein, mein Vater sprach ursprünglich

auch nur Englisch und ein wenig Französisch", erwiderte Paddy. „In Rom bei den Jesuiten hat er noch Griechisch und Lateinisch gelernt. Die Sprachen mussten wir Kinder eben dadurch lernen, dass wir uns unter das Volk mischten. Aber von Zeit zu Zeit hat er Privatlehrer ins Haus geholt, wenn er die Schulfächer nicht mehr beherrschte."

Nun musste der Sänger auch noch sein Hobby verraten. „Ich zeichne sehr gerne mit Eddingstiften auf Leinwand. Eine Technik, die nur wenige anwenden. Einige Dinge kann ich einfach nicht durch Musik ausdrücken. Und dann hilft mir das Zeichnen, Inspirationen zum Ausdruck zu bringen. In diesem Jahr habe ich meine erste öffentliche Ausstellung."

Die typische Kinderfrage nach dem Traumberuf durfte natürlich nicht fehlen. Auch darauf ging der vielseitige Künstler ein: „Wie meine älteren Geschwister wollte ich immer Musik machen und auf der Bühne stehen. Als kleiner Junge habe ich oft geheult, weil ich aus rechtlichen Gründen zu Hause bleiben musste, wenn meine Eltern mit den älteren Geschwistern auf Tournee gingen. Was Schöneres, als öffentlich aufzutreten, konnte ich mir nicht vorstellen."

Herzlichen Glückwunsch, Berni, zu deinem ersten Interview.

Was mehr zählt als Ruhm und Erfolg

Die zeitweise materielle Armut der *Kelly Family* verwandelte sich in den 90er-Jahren in materiellen

Reichtum. Ging ein Traum in Erfüllung? „Tatsächlich hatten wir davon geträumt", erklärte Paddy, „viele Häuser zu besitzen, in großen Städten und Stadien zu singen, auf einem Schiff zu leben und in einem Schloss zu wohnen. Keiner dieser Wünsche blieb offen. Wir haben unsere Träume gelebt." Wenn alle materiellen Wünsche erfüllt sind, welchen Stellenwert hat da noch die Sinn- und Gottesfrage, wollte ich wissen. „Eine gute Frage", antwortete der Musik-Millionär. „Über Erfolg freut man sich natürlich und mit Geld kann man viel Gutes machen. Aber was im Leben wirklich zählt, kann man mit Geld nicht erkaufen. Weil unsere Familie materiell reich geworden ist, hat sie vielleicht gerade deshalb gemerkt, dass es noch mehr geben muss, um glücklich und zufrieden zu sein. Jeder von uns kommt an den Punkt, wo er fragt: Woher komme ich? Wozu lebe ich? Wohin gehe ich? Meine Geschwister und ich sind katholisch getauft und erzogen worden. Mir genügt es nicht, nur aus Tradition mal in die Kirche zu gehen, sich eine Predigt anzuhören und dann wieder zur Tagesordnung überzugehen, als sei nichts passiert. Meine Erfahrung ist: Wenn du nicht von Gott ergriffen bist, ändert sich nichts in deinem Leben. Alles bleibt beim Alten. Du musst dich persönlich von ihm ansprechen lassen und ihm dein Ja-Wort geben wie bei einer Hochzeitszeremonie. Gott hat uns sein Ja-Wort längst gegeben. Erst wenn wir mit ihm verbunden sind, erfahren wir seine Liebe und werden erneuert."
Der Musiker hatte gerade das Soloalbum *In Exile*

mit originellen Songs im poppig-punkrockartigen, experimentierfreudigen Stil herausgebracht. Er sei freiwillig ins Exil gegangen, um „außerhalb" seiner Familie ein eigenes Album produzieren. Das Exil habe für ihn auch eine religiöse Bedeutung. Dieses irdische Leben sei für ihn eine Pilgerreise, wie es in dem Kirchenlied *Wir sind nur Gast auf Erden* heißt.

Im Sterbehaus von Mutter Teresa gesungen

Die Vergänglichkeit des menschlichen Lebens spiegelt sich auch auf seinem Soloalbum wider. Wir kamen auf die Verdrängung des Todes in unserer Konsumgesellschaft zu sprechen. Paddy wies auf eine repräsentative Umfrage in Deutschland hin, wonach 75 Prozent aller Jugendlichen im Alter zwischen 14 und 24 Jahren durch eine Phase gehen, in der sie sich mit dem Suizid beschäftigen – gedanklich bis hin zu tatsächlichen Selbstmordversuchen. Für Mutter Teresa sei die seelische Armut in den reichen westlichen Ländern schlimmer als die materielle Armut in den ärmsten Ländern der Erde. Der welterfahrene Sänger gab mir das Stichwort „Mutter Teresa", deren Missionswerk in Kalkutta wir beide kennenlernen durften. Paddy hat sich drei Wochen bei den *Missionarinnen der Nächstenliebe* aufgehalten und hatte das Vorrecht, in ihrem Sterbehaus *Kalighat* zu singen. Mit bewegenden Worten schilderte er seine Eindrücke: „Zuerst führten mich die Schwestern in einen Krankensaal mit 40 nebeneinanderliegenden

Männern, die größtenteils im schwer kranken Zustand auf der Straße aufgelesen worden waren. Als ich meinen Song *Pray, pray, pray* (Bete, bete, bete) vortrug, stockte mir mitten im Lied der Atem. Vor Freude und Dankbarkeit war ich zwischen Lachen und Weinen hin- und hergerissen. Ich entschied mich für das Lachen; denn die fast leblosen Gestalten richteten sich teilweise auf, lächelten mich an und klatschten zaghaft in die Hände. Ich musste ein Lied nach dem anderen singen. Dann ging ich auch auf die Frauenstation und erlebte dieselbe Freude. Dieser ‚Auftritt' hat mir mehr gegeben als unser Konzert vor einer Viertelmillion Kelly-Fans in Wien."
Der britische Popstar Cliff Richard war auch mal bei Mutter Teresa in Kalkutta und hatte ein ganz schlechtes Gewissen, als er wieder in seine Glitzerwelt verschwand, anstatt den Ärmsten der Armen zu helfen. Mutter Teresa tröstete ihn: „Cliff, sie müssen Popsänger bleiben. Wir brauchen ihre Geldspenden, um unsere Arbeit tun zu können." Cliff Richard gestand mir, wie sehr ihm die innere Leere und Einsamkeit trotz seines weltweiten Ruhms manchmal belaste. „Kannst du auch ein Lied davon singen?", fragte ich Paddy. „In meinem Song *Movie* beschreibe ich Erfahrungen, die ich zwischen meinem 17. und 19. Lebensjahr gemacht habe, als uns die Erfolgswelle gnadenlos überschwemmte. Ich konnte keinen Schritt mehr ohne Bodyguard tun. Was auch immer ich in der Öffentlichkeit tat und sagte, stand am nächsten Tag garantiert in irgendeiner Zeitung. Selbst auf der Toilette musste ich damals Autogram-

me geben. Der Starkult war unerträglich und die Fans nervten gelegentlich, zum Beispiel wenn einer das hundertste Autogramm haben wollte, weil 99 handschriftliche Grüße nicht ausreichten. ‚Ich fühle mich wie jemand, der in einem Film ist', singe ich in einem Lied. ‚Wenn du eine Million Platten verkauft hast, bist du eine Berühmtheit und jeder möchte dich einladen. Du fühlst dich wie in einem Pool, umgeben von Haifischen und geldgierigen Gaunern. Manager und Agenten rufen dich ständig an. Welchen Sinn hat das alles, wenn ich am nächsten Morgen allein aufwache?'"

Als Friedensdemonstrant in New York im Gefängnis

In seinem musikalischen Leben ist ein neuer Morgen angebrochen. Paddy ist auch ein Friedensaktivist geworden, der sogar eine Stiftung für kulturelle Unterstützung in Asien und Afrika gegründet hat. Noch kurz vor unserem Gespräch hatte er an einer Friedensdemonstration in den USA aktiv teilgenommen. Darüber wollte ich mehr wissen: „In New York habe ich eine halbe Million Friedensdemonstranten aufgefordert, mal eine Schweigeminute einzulegen und eine Meditation von Mutter Teresa auf sich wirken zu lassen:
Die Frucht des Glaubens ist die Liebe.
Die Frucht der Liebe ist das Dienen.
Und die Frucht des Dienens ist der Friede.

Danach habe ich meinen Song *Pray, pray, pray* gesungen. Wenn wir nicht aus der Stille kommen und uns von Gott die Kraft schenken lassen, kommt wenig dabei heraus. ‚Durch Stillsein und Hoffen werdet ihr stark sein', heißt es in der Bibel im Buch Jesaja. Da ich auch amerikanischer Staatsbürger bin, habe ich mich der Friedensdelegation *Culture of Peace* angeschlossen. Zusammen mit der Friedenspreisträgerin Malread Maquire aus Belfast haben wir mit einer 40-köpfigen Gruppe eine stille Prozession mit einer schließenden Barriere vor den Vereinten Nationen veranstaltet. Hier galt Demonstrationsverbot. Es war ein Ausdruck des zivilen Ungehorsams von uns, um zu demonstrieren, dass nicht das Recht der Macht, sondern die Macht des Rechts herrschen müsste. Mit anderen Worten: Wenn die USA einen Angriffskrieg ohne die Zustimmung der Mehrheit der Vereinten Nationen und des Weltsicherheitsrats führen, verstoßen sie gegen die Charta der Vereinten Nationen, die alle Mitgliedsstaaten unterschrieben haben. Die Polizei hat uns vorübergehend ins Gefängnis gebracht. In der Weltpresse wurden Fotos von unserer Verhaftung in New York veröffentlicht. Ein irakischer Journalist erzählte mir unlängst, vor dem Palästina-Hotel in Bagdad sei ein auf Postergröße gezogenes Foto von meiner Verhaftung in New York angebracht worden. Die Überschrift des Fotos lautete: ‚Wenn ihr so mit euren prominenten Bürgern umgeht, wollen wir eure Art von Demokratie bei uns nicht haben.'"

Auf der Suche nach Gott

Paddy Kellys politisches Verantwortungsbewusstsein resultiert aus seiner persönlichen Gottesbeziehung. Wie es dazu kam, darüber sprach er mit großer Begeisterung: „Auslöser war bei mir das Zerbrechen einer Liebesbeziehung. Gleich nach der schmerzlichen Trennung von meiner damaligen Freundin habe ich den Song *Mama* geschrieben. Die Mutter ist die erste Frau, die man liebt. Wahrscheinlich hatte ich den Verlust meiner Mutter bis dahin niemals aufgearbeitet. Es war eine Lücke geblieben. Als die Freundschaft zerbrach, war ich 21 Jahre alt. Obwohl ich in einem Schloss lebte, Ruhm und Erfolg hatte, spürte ich eine unheimliche Leere in mir. Mich ängstigten Fragen wie: Was mache ich hier? Worum geht es im Leben überhaupt? Was passiert, wenn ich sterbe? Verzweifelt habe ich damals im Koran nach Antworten gesucht. Ein buddhistischer chinesischer Freund meinte: ‚Wenn du leben willst, musst du stromaufwärts schwimmen. Zur Quelle des Leben kommst du nur, wenn du gegen den Strom schwimmst.' Dabei musste ich an Jesus denken, der seinen Jüngern gesagt hat: ‚Wer mir nachfolgen will, der nehme sein Kreuz auf sich und folge mir nach' (Mk 8,34). Das Leiden muss nicht unbedingt sinnlos sein, es kann auch Früchte tragen."

Gottesbegegnung in Lourdes

„Dann hast du auch in der Bibel geforscht. Wie bist du fündig geworden?", fragte ich neugierig. „Als ich in nicht christlichen Weltreligionen keine befriedigende Antwort auf die Frage nach dem Sinn des Lebens fand, griff ich zu Hause zur Bibel. Beim Lesen der Evangelien, die das Leben Jesu erzählen, habe ich mich plötzlich persönlich angesprochen gefühlt. Irgendwie wurde ich von Christus ergriffen, davon, wie er sich auf die Probleme und Nöte der Menschen eingelassen hat. In dieser Suchphase (1999, G. K.) habe ich im Fernsehen eine Dokumentation über Lourdes gesehen, einen Wallfahrtsort in Frankreich, den jedes Jahr fünf Millionen Pilger aus der ganzen Welt besuchen. Zuerst dachte ich, das sei nur was für Omas, die ihren Rosenkranz anbeten, oder für kuriose und wundersüchtige Menschen, aber nichts für mich, der ich doch einen gesunden Menschenverstand habe. Ich lachte über diesen religiösen Humbug." Und was überzeugte den Skeptiker letztlich? „Bilder von betenden und kranken Menschen, die getröstet und manchmal sogar geheilt wieder nach Hause zogen, ließen mich innerlich nicht los. Lourdes zog mich wie ein Magnet an. Zwei Tage später saß ich im Zug nach Lourdes und war bald inmitten vieler Menschen aller Altersgruppen und Nationalitäten. In Kirchen und auf freien Plätzen feierten die Leute Gottesdienste, sie beteten und sangen fromme Lieder. Sie alle wollten Gott erleben. Einige von ihnen hatten mystische Erlebnisse oder es lief ihnen ein Schauer über den Rücken. Mich ließ das alles ziemlich cool. Ich beobachtete junge Leute, die voller Begeisterung waren. Schließlich kaufte ich mir auch einen Rosenkranz und fing einfach an, das *Vaterunser, Gegrüßet seist du, Maria und Ehre sei dem Vater* zu beten. Am zweiten Tag ging ich in die Messe und rief die Mutter Gottes an. Sie hat mich zum persönlichen Glauben an Jesus geführt. Hier habe ich angefangen zu beten. Ich war zwar vorher schon von der Existenz Gottes überzeugt, wie er sich in der Natur und auch in der Geschichte offenbart hat. Aber hier, aber *hier*, in der Gemeinschaft mit anderen gläubigen Menschen, erfuhr ich Gott persönlich, auch wenn ich noch nicht wusste, wie sich diese Glaubensbeziehung weiterentwickeln würde. Aber *hier* kam der Stein ins Rollen, *hier* wurde der Same dieser Liebesbeziehung zu Gott gelegt, weil ich ihm mein Herz geöffnet hatte."

Die Gitarre ist wie meine Seele

Seinen Umgang mit Gott verglich Paddy damit, wie er seine Gitarre behandelt. Das musste er uns erläutern: „Ein Leben ohne Gott ist wie eine Gitarre ohne Koffer. Irgendwann entdeckt man die ersten Kratzer, es bilden sich Risse, das Holz biegt sich und geht bald kaputt. Bevor die Gitarre gespielt wird, müssen die Saiten gestimmt werden. Diesen Vorgang vergleiche ich mit dem Gebet. Ich möchte in Harmonie und im Einklang mit Gottes Willen leben. Von Zeit zu Zeit müssen die Saiten gewechselt werden, weil sie abgenutzt und verdreckt sind und nicht mehr schön klingen. Das vergleiche ich mit der Beichte, zu der ich alle vier Wochen gehe. Wenn ich meine Seele in Gottes Hände lege, fängt sie wunderbar an zu tönen und zu spielen. Beim katholischen Weltjugendtag in Rom habe ich mein Leben total in Gottes Hände gelegt, totus tuus. Seit diesem Schritt des Glaubens hin zur bedingungslosen Hingabe an Gott ist es nur bergauf gegangen. Da meine damaligen Freunde keine Antenne für den göttlichen Funken hatten und mir deshalb auch nicht helfen konnten, im Glauben zu wachsen, erhielt ich durch Mönche im Kloster eine Unterweisung im christlichen Glauben. Mit ihnen konnte ich meine Glaubenserfahrungen austauschen und vertiefen. So hat sich das Samenkorn des Glaubens inzwischen zu einer blühenden Blume entwickelt. Außerdem habe ich noch junge Christen aus evangelischen Landes- und Freikirchen kennengelernt, mit denen ich meine Christuserfahrungen teilen kann. Wir diskutieren nicht über unsere konfessionellen Unterschiede wie Eucharistie, Marienverehrung, Beichte und Papstverständnis. Unser gemeinsames christliches Glaubensbekenntnis, das wir jeden Sonntag im Gottesdienst sprechen, verbindet alle christlichen Denominationen."

Dialog mit anderen Weltreligionen

In dem Musikvideo von *Pray, pray, pray* ruft der welterfahrene Friedensaktivist zum Dialog mit nichtchristlichen Weltreligionen auf, ohne dabei eine Kultur oder einen anderen Glauben zu diffamieren. Welches Ziel verfolgt er damit? „Wer Frieden in der Welt schaffen will, kommt an einem Gespräch mit den Weltreligionen nicht vorbei. Auf diesem Video werden Menschen aus unterschiedlichen Kulturen und Religionen bei der Ausübung ihres Glaubens im persönlichen Leben und auf ihren Pilgerreisen dargestellt. Dabei wollte ich einfach zeigen, wie wichtig der Glaubensaspekt in allen Lebensbereichen ist, wie zum Beispiel Fußballfans, Autofahrer und Hausbewohner ihren Glauben ausleben. Der Mensch ist unsterblich religiös." Ich erinnerte mich an Worte des Publizisten Peter Scholl-Latour, der mir kurz vor seinem Tod gesagt hatte, dass der Dialog mit anderen Weltreligionen, besonders mit dem Islam, lebenswichtig sei. Viele islamische Theologen bedauerten, dass es kaum noch Christen gäbe, die sich mutig zu ihrem eigenen Glauben bekennen. Man könne nur ein ernsthaftes Gespräch führen, wenn beide Seiten ihren Standpunkt vertreten, dabei aber fair blieben.

Vor der Fankulisse erbat das Popidol Gottes Segen

„Sind für dich alle Religionen gleich?", wollte ich von Paddy wissen. Er antwortete: „Kardinal Ratzinger ist einmal gefragt worden, wie viele Wege zu Gott führten. ‚So viele Wege, wie es Menschen gibt', war seine Antwort. Wenn Hindus, Buddhisten, Moslems, Juden und Christen nach Berlin fahren wollen, werden sie aufgrund ihrer unterschiedlichen ‚Herkunft' verschiedene Autobahnen benutzen. Für mich kommt nur die A2 infrage; denn Christus ist für mich der Weg, die Wahrheit und das Leben."
Für den praktizierenden Christen lautete die wichtigste und zugleich intimste Frage, was ihm der Glaube an Jesus Christus bedeutet. „Jesus ist mir näher, als ich es mir selbst bin. Deshalb ist jeder Versuch, in Worte zu fassen, was Jesus Christus für mich bedeutet, letztlich unvollkommen. Um aber konkreter zu werden, kann ich nur mit dem heiligen Franziskus bekennen: ‚Du bist mein Herr und mein Alles.'"
Es war Abend geworden im *Phantasialand*. Wir saßen draußen im Freien, aber abgeschirmt von den Fans, die ihr Idol im Auge behielten – in der Hoffnung, vielleicht ein Autogramm zu ergattern. Bevor wir uns verabschiedeten, kniete Paddy vor der Fankulisse spontan vor mir nieder und erbat meinen Segen. „Gott segne dich, Paddy, auf all deinen Wegen." Denn an seinem Segen ist alles gelegen.

Jacqueline Thießen (*1997)

Als mich Heidi Klum aus der Kirche abholte

Wer ist die Schönste im ganzen Land? So die berühmte, immer wiederkehrende Frage eines Märchens, die sich auch im echten Leben Millionen junger Mädchen in der ganzen Welt stellen, und die die erfolgreiche *ProSieben*-Sendung *Germany's Next Topmodel* by *Heidi Klum (GNTM)* zu beantworten verspricht.

In jedem Jahr, zu jeder neuen Staffel des Reality-TV-Formats, bewerben sich 15.000 Mädchen für die deutsche Castingshow. Die seit 2006 jährlich ausgestrahlte Sendung wird von dem deutsch-amerikanischen Supermodel Heidi Klum produziert und moderiert. Eine Teilnehmerin davon war Jacqueline Thießen. Die heute 23-Jährige bekommt immer noch einen verträumten Blick, wenn sie an die achte Staffel *GNTM* (2013) denkt, wo sie am Ende von Tausenden Mädchen zu den letzten *Top Ten* gehörte. Die Hamburgerin war auch der erklärte Liebling von Heidi Klum, die bis heute das strenge Regiment in dieser von Medienwächtern nicht unumstrittenen Realityshow für Nachwuchsmodels führt.

An einem sonnigen Februartag trafen wir uns zum persönlichen Austausch sowie zu einem einstündigen Fernsehinterview in der Domstadt Köln. Ich kannte Jacquelines Buch *Life Edition*[6], in dem auch ihre spektakulärsten professionellen Model-Aufnahmen in allen Variationen abgebildet sind.

Casting ist nicht Friede, Freude, Eierkuchen

Die Ex-Kandidatin von *Germany's Next Topmodel* konnte verstehen, dass die Zuschauer zuweilen entsetzt sind, wie die Mädchen von den Juroren manchmal vorgeführt, beleidigt und gedemütigt werden. Auch der Konkurrenzkampf und die Rivalitäten unter den Bewerberinnen seien nicht immer schön mitanzusehen. Jacqueline gab jedoch zu bedenken, dass man von der Sendung nicht „Friede, Freude, Eierkuchen" erwarten könne. Dann würde sich kaum

---

[6] Jaqueline Thießen: Life Edition. Mein Modeltagebuch. Brendow Verlag 2015, 256 Seiten.

einer die Show anschauen. Bestandteil von Castingshows ist, dass die Teilnehmer ihre Fähigkeiten einer Jury vorführen. Diese nimmt aufgrund der gezeigten Leistungen die Auswahl der Bewerber vor, die in einer weiteren Runde der Show (dem sogenannten *Recall*) erneut etwas vorführen müssen. Dadurch wird die Zahl der Teilnehmer so weit verringert, bis ein Teilnehmerfeld zusammengestellt ist, aus dem letztlich der Gewinner ermittelt wird.

Jacquelines erstes Casting fand in Begleitung ihrer Mutter und Schwester statt, die aber während der Vorführung draußen bleiben mussten. Die *Model-Scouts* (Talentsucher) schauten sich die Kandidatinnen in 10er-Gruppen an, machten Interviews vor und hinter der Kamera und Fotos. Zuletzt mussten sie auf einem Laufsteg ihren *Walk* (Model-Lauf) präsentieren.

Vom Aschenputtel zur Prinzessin

Während Jacqueline im Altarraum ihrer Hamburger Kirche ein Weihnachtsspiel einübte, betrat – wie aus heiterem Himmel – Heidi Klum mit einem Fernsehteam die Kirche. Diesen Augenblick wird die damals Siebzehnjährige wohl nie vergessen. „Das war für mich eine totale Überraschung. Nur meine Eltern waren eingeweiht. Ich glaubte, nicht weitergekommen zu sein, weil ich einen ganzen Monat vergeblich auf eine Zusage gewartet hatte. Als Heidi mich umarmte, war es für mich wie ein Märchen. Die gute

Fee fragte mich, ob ich Lust hätte, mit ihr mitzukommen, denn ich gehöre zu den auserwählten letzten 25 Kandidatinnen. Meine Mutter hatte schon meinen Reisekoffer gepackt. Nach einem kurzen Abschied von Mama und Papa sind wir gleich zum Flughafen gefahren. Es war übrigens das erste Mal, dass Heidi Klum eine Kandidatin von zu Hause abgeholt hat."

Jacqueline ist eine gläubige Christin und wollte herausfinden, ob sie auch während der zweimonatigen turbulenten Castingtour einen aktuellen Bezug zur Bibel finden würde. „Während meines ersten Fotoshootings ist mir bewusst geworden, wie wunderbar Gott uns geschaffen hat. Das habe ich auch in meinem Buch geschrieben als Ermutigung für Mädchen, die sich nicht schön oder nicht schön genug fühlen. Wenn wir uns so annehmen, wie wir sind, bekommen wir ein gesundes Selbstbewusstsein."

Harte Regeln

Der Modetrend ist ausgerichtet auf gertenschlanke Figurtypen. Vollschlanke Mädchen und Frauen fühlen sich benachteiligt und hungern sich für eine Traumfigur krank und werden magersüchtig. Wie kommt man aus diesem Teufelskreis heraus? Jacqueline sagte mir: „Auch ich habe keine perfekten Modelmaße. Und das ist auch nicht nötig. Jungen Mädchen würde ich sagen: Seid zufrieden mit dem, wie Gott euch geschaffen hat, und macht das

Beste daraus. Ernährt euch gesund und treibt Sport, um die überflüssigen Pfunde wieder loszuwerden. Aber macht euch keinen Stress. Dafür seid ihr viel zu wichtig."

In meinen Augen ist Jacqueline Thießen eine superschlanke hübsche Frau. Umso verwunderter war ich, als sie mir erzählte: „Eine bekannte Model-Agentur wollte mich sehr gerne unter Vertrag nehmen, aber nur unter der Bedingung, dass ich mindestens zehn Kilo abnehme. Ich habe abgesagt, denn wenn ich noch mehr Gewicht verlöre, sei ich viel zu dünn. Und auf das Essen will ich nicht verzichten. Im Übrigen gebe es auch andere Modelagenturen, die nicht so verrückt wären."

Begleiten wir Jacqueline auf ihrer *GNTM*-Castingtour nach Dubai, wo die 25 Topmodels im Luxushotel *Atlantis The Palm* untergebracht waren. Bei allem Glanz herrschte auch hier nicht nur eitel Sonnenschein. Das Casting ging weiter und die Jury traf Entscheidungen. Die einen waren überglücklich und die anderen zu Tode betrübt. „Mir fiel es sehr schwer, mich zu freuen, gestand Jacqueline. „Ich musste zusehen, wie drei Mädels bitterlich weinten, weil sie ausgeschieden waren und nach Deutschland zurückfliegen mussten." Dazu fiel ihr ein Bibelvers aus dem Buch der Prediger im Alten Testament ein: „Alles hat seine Zeit" (Pred 3,1 f.).

Einkaufsbummel mit Heidi Klum

Ein Arbeitsauftrag lautete: Die Mädchen werden in Typen verwandelt, in richtige Models, um eine Chance für einen Model-Auftrag auf dem internationalen Modemarkt zu bekommen. Was man sich darunter vorzustellen hat, erläuterte Jacqueline: „Die Veränderungen finden nicht statt, weil du vorher nicht schön bist, sondern um dich noch schöner zu machen, um deinen ganz eigenen Typ und Charakter so herauszustreichen, dass du bei einem Kunden in Erinnerung bleibst. Du sollst kein anderer Mensch werden, sondern dein Aussehen soll dein Inneres widerspiegeln. Es geht um den Wiedererkennungswert in der Modewelt. Die Modemarke soll im Gedächtnis der Kunden haften bleiben."

Jacqueline war das jüngste und unerfahrenste Model unter den letzten Kandidatinnen. Zuweilen machten sich die Mädels lustig über ihre altmodische Kleidung, wenn sie mal in der Stadt unterwegs waren. Auch dafür gab es ziemlich strenge Vorschriften, was man anziehen sollte. Da Heidi Klum mit ihrer Garderobe auch nicht so ganz einverstanden war, lud sie Jacqueline zu einem Einkaufsbummel ein. „Wie gute Freundinnen sind wir losgezogen", sagte sie. „Die Stimmung war super locker. In Umkleidekabinen der renommierten Modegeschäfte schmiss Heidi mir immer neue, moderne Kleidungsstücke rein, die ich anprobieren sollte. Am Ende haben wir sogar dasselbe Kleid gekauft, das Heidi auch in ihrem Kleiderschrank hängen hat."

Auf mich wirken manche Models wie seelenlose Roboter, die ihr Laufprogramm gefühllos abspielen. Dazu meinte Jacqueline: „Das ist gewollt; denn die Fotografen sollen nicht auf die Ausstrahlung des Models, sondern nur auf seine Kleidung fokussiert sein. Bei der Werbung ist dagegen die Ausstrahlung des Models als Wiedererkennungswert der Marke wichtig. Letztlich ist das Model ein auswechselbares Produkt, eine Art Kleiderständer. Das Model soll ja einfach nur die Mode präsentieren." Jaqueline meinte außerdem: „Einerseits konzentriere ich mich auf das Modeln und freue mich auf die schönen Kleider, die ich präsentieren kann. Andererseits weiß ich, dass es nicht nur äußere, sondern vor allem innere Werte gibt, dass ich mich von Gott anziehen lasse. Darin sehe ich keinen Widerspruch. Beides kann ich miteinander vereinen."

Motivationsschub vom Apostel Paulus

Berti Vogts meinte einmal, sein Spielbein sei austauschbar, aber nicht sein Standbein, sein Glaube und Lebensfundament. So sieht sich auch das Hamburger Model: Ihre Berufung als Kind Gottes sei einzigartig, aber ihr Beruf als Model sei jederzeit austauschbar.
Jaquelines *Mentaltrainer* war der Apostel Paulus, der vor 2.000 Jahren an die christliche Gemeinde in Korinth schrieb: „Wisset ihr nicht, dass die Läufer im Stadion zwar alle laufen, aber nur einer den

Siegespreis bekommt. Lauft so, dass ihr ihn gewinnt … Darum laufe ich nicht wie einer, der ziellos läuft. Ich boxe nicht wie einer, der nur in die Luft schlägt, sondern ich treffe mit meinen Schlägen den eigenen Körper und mache ihn mir gefügig, damit ich nicht anderen predige und selbst untauglich dastehe" (1 Kor 9,24-26). Dieser Motivationsschub half der Siebzehnjährigen, ihr Ziel nicht aus den Augen zu verlieren. Sie war verblüfft, dass der Apostel dieselben Sportdisziplinen nannte, die sie auch als Model ausüben musste. Es komme vor allem darauf an, sein Bestes zu geben, um weiterzukommen. Darüber hinaus wisse sie, dass der Gewinn des Pokals des ewigen Lebens wichtiger sei als das beste Topmodel zu werden.
Inzwischen waren im Model-Wettbewerb nur noch zwölf Kandidatinnen im Konkurrenzkampf. „Ich stand vor der Jury, die nur zehn Mädchen mitnehmen wollte. Aufgrund meiner letzten Vorführung stand ich auf der Verliererliste. Aber ich kämpfte weiter. Die Jury erkannte meine Motivation und gab mir noch eine Chance. Diese Erfahrung bewies mir, dass man auch auf der Verliererseite nicht resignieren sollte, sondern sich mit plausiblen Argumenten verteidigen kann."

Die *GNTM*-Kandidatin mit den größten Fortschritten in der Persönlichkeitsentwicklung

Auf ging's nach New York. Alles kam darauf an, bei der Castingshow möglichst viele Aufträge von den eingeladenen Model-Agenturen zu bekommen. Wer bei den Agenten nicht ankommt, hat verloren. „Wir werden eingeladen von Designern und Modefirmen, ziehen ihre Kleider an, um zu sehen, ob wir typmäßig dazu passen, werden fotografiert und interviewt. Dann entscheidet sich, ob wir den Job bekommen." Auf dieser letzten Etappe machte Jacqueline nicht die beste Figur. Trotzdem kam sie unter die Top Ten von ehemals 15.000 Kandidatinnen. Doch bald darauf folgte die bittere Enttäuschung, als Heidi Klum mit Tränen in den Augen das Ausscheiden von Jacqueline Thießen verkündete. Schweren Herzens erinnerte sie sich: „Ich musste meinen Koffer packen und die zu einer großen Familie gewachsenen Gruppe nach zweimonatigem Zusammensein verlassen und nach Deutschland zurückfliegen." Diesmal kamen der jungen Christin die Worte des Propheten Jesaja zu Hilfe, den sie in ihrem Model-Tagebuch zitierte: „Fürchte dich nicht, ich bin mit dir; weiche nicht, denn ich bin dein Gott. Ich stärke dich, ich helfe dir auch. Ich halte dich durch die rechte Hand meiner Gerechtigkeit" (Jes 41,10 f.). „Es ist ein wunderbares Gefühl zu wissen, dass ich auf diesem Tiefpunkt von Gott aufgefangen und aufgerichtet wurde", tröstete sie sich. „Er ist bei mir auch im dunkelsten Tal und mutet mir nicht mehr zu, als ich schaffen kann."

Die tapfere Hamburgerin erzählte mir, Heidi Klum habe ihr versichert, dass sie in all den Jahren ihrer Castingshow keine Kandidatin erlebt hätte, die in ihrer Persönlichkeitsentwicklung solche Fortschritte gemacht habe. Und wie bewertet Jacqueline rückblickend ihre Teilnahme an der Show? „Ich habe gelernt, mich selbst so zu akzeptieren, wie ich bin, mich auch schön zu fühlen, wenn ich ungeschminkt bin. Ich habe gelernt, mehr aus mir herauszukommen, mehr aus mir selbst zu machen. Ich habe andere Seiten von mir kennengelernt. Ich kann in verschiedene Rollen schlüpfen und mich verwandeln, wann immer ich es möchte, ohne mich selbst zu verlieren, und wieder zurück zu mir finden."

Mach das Beste aus deinem Leben!

Die 23-jährige Hamburgerin möchte auch ihren Fans Hilfestellungen geben, ihre Komfortzone zu verlassen und den Lebenskampf aufzunehmen, das Beste daraus zu machen. Wie eine Erfolgstrainerin sprach sie von Zielvorstellungen, Geduld und Ausdauer, von Motivation und Zeitmanagement.
Nach dem Geheimnis ihrer beneidenswerten Lebensbewältigung gefragt, erzählte Jacqueline: „Ich bewege mich in einem familiären Umfeld, in dem ich mich aufgehoben fühle. Da sind Mama und Papa, Oma und Opa, die hinter mir stehen und mich unterstützen, so gut sie können. Da sind meine Geschwister und Freunde, die mich begleiten und ermutigen.

Zu einer positiven Lebenseinstellung gehören für mich ein gesundes Selbstwertgefühl und die Gewissheit, sich von Gott und seinen Angehörigen geliebt zu wissen. Für ein sinnerfülltes Leben muss ich mir lohnenswerte Ziele setzen und daran festhalten, bis sie erreicht sind."

Der jungen Autorin geht es darum, sich selbst und ihre Leser zu motivieren, Wunschvorstellungen vor Augen zu haben, auch wenn vielleicht nur die Hälfte davon realisiert werden könne. Wer sich auf seine Stärken besinne, könne leichter mit seinen Niederlagen umgehen.

Seit ihrer erfolgreichen Teilnahme bei *GNTM* sind sechs Jahre vergangen. In der Zwischenzeit hat Jaqueline Thießen an der Hamburger Universität ihren Bachelor of Arts in Sozialökonomie und ihren Master of Science im Bereich *Non-Profit und Public Managements* erworben. In ihrem geliebten Model-Beruf geht es ebenfalls weiter: Diverse Fotoshootings, Laufstegjobs, Modeschauen und -coachings bei namhaften Unternehmen sowie Auftritte als Ehrengast bei Events und als Interviewpartnerin im Fernsehen. Das liest sich wie ein Erfolgsroman. Hat die vielseitige Powerfrau auch eine frohe Botschaft für jene Menschen, die auf der Schattenseite des Lebens stehen?

„Jeder lebt sein eigenes Leben und sollte sich nicht mit anderen vergleichen, die in seinen Augen besser dran sind. Auch wenn ich aus den schlechtesten Lebensverhältnissen komme, muss ich meinen eigenen Weg finden und etwas dafür tun. Mit Selbstvertrauen und Gottvertrauen kann ich es schaffen. Jeder hat eine Chance. Ich muss daran arbeiten und mich immer wieder aufraffen, auch wenn es schwerfällt. Wenn ich dasitze und in Selbstmitleid versinke, was ich auch manchmal tue, muss ich wieder aufstehen und mir sagen: Jetzt geht's weiter!"

Jaqueline ist gerne „Kirchenmaus"

Ein Herzensanliegen ist ihre ehrenamtliche Mitarbeit im Kirchenvorstand und Teamerin bei den Konfirmanden in ihrer Hamburger Heimatgemeinde St. Stephan. Aus ihrem christlichen Glauben schöpft sie ihre Lebenskraft. Das bekamen auch die Models auf der Castingtour mit und nannten sie deshalb „Kirchenmaus". Doch was fasziniert sie so an der Kirche? „Das ist eine ganz andere Welt. Hier wirst du nicht gefragt, wie du aussiehst, ob du arm oder reich bist, ob du jung oder alt bist, ob du schwarz oder weiß bist. Alle Menschen sind gleich und von Gott geliebt. Gemeinsam feiern wir Gottesdienst, singen, beten und hören Gottes Wort. Wir reden und essen miteinander, teilen Freud und Leid und stärken uns gegenseitig in der Liebe untereinander und zu Gott."

Johnny Cash (1932–2003)

Der Rebell Gottes und seine Sympathie für Außenseiter

Toronto-Airport, 18. September 2003: Während ich auf meinen Abflug nach Deutschland wartete, nahm Kanada Abschied von Johnny Cash. An den Zeitungsständen und in den Buchhandlungen prangte auf den Titelseiten der Magazine und Zeitschriften sein Pokerface mit Schlagzeilen wie dieser: „The King of Country-Music is dead." Mir war zumute, als ob einer meiner besten Freunde gestorben war.

Jedes Mal, wenn wir uns in England oder Deutschland begegnet waren, kam so viel Herzlichkeit und Begeisterung rüber, die mit unserem gemeinsamen christlichen Glauben ganz viel zu tun hatte. Nun werden wir uns auf dieser Erde nicht mehr sehen. Schön, dass du hier warst, lieber Johnny Cash. Du hast mit deinen Liedern vielen Millionen Menschen auf der ganzen Welt Lebensfreude und Hoffnung geschenkt. Einer von ihnen war der zum Tode verurteilte Arthur Rowley, der kurz vor seinem letzten Gang in die Gaskammer von San Quentin schrieb: „Johnny Cash war hier und hat für uns gesungen. Nun wird alles nicht mehr so schlimm sein."

„Hello, I am Johnny Cash." Mit diesen Worten stellte sich der amerikanische Country-Sänger auf jedem Konzert auf allen fünf Kontinenten seinen Fans vor. Von der Legende bleiben seine 1.500 Songs auf weit über 100 Tonträgern, die 60 Millionen Mal verkauft wurden. Seinen Weg in die begehrten Ruhmeshallen *Country Hall of Fame* und *Rock´n´Roll Hall of Fame* hatte der legendäre Superstar längst vor seinem Tod gefunden.

Hunderttausende pilgern jährlich in das neue *Johnny Cash Museum* in seiner Heimatstadt Nashville, das der Gründer Bill Miller als erfüllten Lebenstraum und als „Tribut an den großartigsten Mann, den ich je gekannt habe", ansieht. Für Rockidole wie Bob Dylan, Keith Richards und Bruce Springsteen war Johnny Cash ein musikalischer Gott.

In den ersten Jahren des neuen Jahrtausends erlebte Johnny Cash ein großartiges Comeback mit seinem weltweit gepriesenen *American Recordings*, dem „besten CD-Album, das Cash seit einem Vierteljahrhundert aufgenommen hatte", so eine Kritik. „Country-Legende Johnny Cash kennt den Wert ehrlicher Musik", schrieb *Die Welt*, und *Der Spiegel* war des Lobes voll: „Der berühmteste aller Country-Sänger ist zurück auf der Spur."

Im Vorhof der Hölle

In die Spur des Lebens kam Johnny Cash am 26. Februar 1932 nahe Kingsland im amerikanischen Bundesstaat Arkansas. Der Sohn eines armen Farmers stand nicht gerade auf der Sonnenseite des Lebens. Als Zwölfjähriger schrieb er seine ersten Lieder. Er sang von den müden Knochen und der verbrannten Haut, die er von den Baumwollfeldern mitbrachte. Sein Vater litt unter dem Unfalltod seines pflichtbewussten älteren Sohnes, in dessen Schatten der verträumte jüngere Johnny stand. Nach dem Wehrdienst schlug sich der junge Musiker als Discjockey und Gelegenheitssänger durch. Der talentierte Sänger und Gitarrenspieler trat bereits 1955 in einer Show mit Elvis Presley auf, und ein Jahr später wurde sein Lied *I Walk the Line* ein Welthit. Übersetzt heißt es so viel wie: „Ich höre wachsam in mein Herz hinein und lasse meine Augen offen sein. Ich gehe meinen Weg ..." Das Erfolgsrad begann sich nun unaufhaltsam zu drehen. Aber der zum verheißungsvollsten Sänger Amerikas gewählte Star wurde mit seinen persönlichen Problemen nicht mehr fertig. Sieben verzweifelte Jahre lang, von 1960 bis 1967, taumelte er im Teufelskreis von Alkohol und Drogen umher. „Die Mischung von Amphetaminen und Alkohol war ein gefährliches Gift, das mich fast zum Wahnsinn trieb", gestand er mir einmal. „Mein großer Fehler bestand darin, dass ich mich nie völlig Gott anvertraut hatte. Ich hielt vielmehr an meinem Mannesstolz fest und redete mir ein: So schlecht bist du ja eigentlich gar nicht." In jenen sieben Jahren stand der verzweifelte und selbstmordgefährdete Country-Sänger mit Gott und der Welt auf Kriegsfuß. Er fuhr die nobelsten Karossen zu Schrott, zerstampfte seine Gitarren und demolierte Hotelzimmer. Nach einem Auftritt im *Grand Ole Opry* in Nashville, dem Mekka aller Country-Künstler, zertrümmerte er im Drogenrausch alle 53 Leuchten und bekam Hausverbot. Schließlich wurde er endgültig zum nationalen Outlaw, der seine Frau und Kinder misshandelte, denen daraufhin nichts anderes übrig blieb, als sich von ihm zu trennen.

Endlich fasste der total ruinierte Künstler während einer Gefängnisnacht in Georgia den Entschluss, mit Gottes Hilfe ein neues Leben zu beginnen. Johnny Cash fand in seiner damaligen Kollegin June Carter, der First Lady der Countrymusic, eine verständnisvolle Lebens- und Glaubenspartnerin, mit der er seit 1968 lebenslang verbunden blieb. Nach einer mehrwöchigen Entziehungskur feierte der neugeborene Superstar wieder seine Triumphe.

Den Superstar in London ausfindig gemacht

Erstmals begegnete ich Johnny Cash 1973 in London. Damals hatte „Swinging London" das Johnny-Cash-Fieber erfasst, denn der amerikanische Superstar war zuletzt vor sechs Jahren in Großbritannien gewesen und hatte nun endlich wieder ein Konzert in der Metropole. Um dem Publikumsrummel und der Journalistenjagd zu entgehen, hatte sein 40-köpfiges Team kurzfristig einen nicht angekündigten Flieger in New York bestiegen und war in London fast unbemerkt gelandet. Die Fernseh- und Rundfunkreporter waren erbost und ratlos. Keiner wusste, in welche Hotels die US-Amerikaner „geflüchtet" waren. Ein englischer Freund von mir, der der *Billy Graham Evangelistic Association*[7] angehörte, hatte zufällig erfahren, dass der persönliche Berater von Johnny Cash in einem Luxushotel am Hydepark logierte. Auf gut Glück rief ich dort an und verlangte den Manager von Cash. Tatsächlich meldete er sich, erteilte mir aber eine strikte Absage: Mr Cash sei in London für keinen Medienvertreter zu sprechen, auch nicht für die BBC. Trotzdem witterte ich Morgenluft und war eine Stunde später im selben Hotel. Mein Spürsinn sagte mir: Der Manager muss für den Superstar jederzeit erreichbar sein, also im selben Hotel wohnen. Voller Selbstvertrauen verlangte ich an der Rezeption die Telefonnummer der Suite von Johnny Cash, als sei-

---

[7] Eine evangelikale missionarische Organisation, die auf den Baptistenprediger Billy Graham (1918–2018) zurückgeht.

en wir verabredet. Die Hoteldame reagierte prompt und nannte mir die erhoffte Nummer. In der Hotellobby versuchte ich mein Glück. Am anderen Ende der Leitung tönte eine resolute Frauenstimme „Mr Cash ist für niemanden zu sprechen." Jetzt wusste ich, er ist hier. Anderentags hatte er seinen großen Auftritt im Wembley-Stadion. Deshalb musste er irgendwann das Hotel verlassen.

In aller Frühe positionierte ich mich, bewaffnet mit Fotoapparat und Recorder, in unmittelbarer Nähe des Aufzugs, mit dem die hohen Gäste von ihren Suiten zum Speisesalon herunterfuhren. Hier mussten sie aussteigen. Ich fühlte mich wie ein Jäger, der im Morgengrauen auf die Pirsch geht und vom Hochstand aus nach Beute ausspäht. Nach zweistündiger Wartezeit traute ich meinen Augen nicht, als der „Man in Black" ohne Bodyguards leibhaftig fünf Meter vor mir aus dem Fahrstuhl stieg und „Good Morning" sagte. Ich schoss sofort ein Foto und pirschte hinterher. „Mr Cash", sprach ich den noch etwas verschlafenen König der Countrymusik an, „ich komme aus Deutschland und bin ein evangelischer Pastor". Mehr brauchte ich nicht zu sagen. Als ob er auf mich gewartet hätte, meinte er: „Das ist großartig. Ich liebe Deutschland und bin ein gläubiger Christ. Ich lade Sie zum Frühstück ein. Kommen Sie mit?" Das ließ ich mir nicht zweimal sagen und folgte meinem liebenswürdigen Gastgeber. Wir fanden ein ruhiges Plätzchen im Speisesalon, wo uns keiner beobachten konnte.

„Gottes Spuren in meinem Leben"

Während unseres Gesprächs wurden Johnny Cashs Erinnerungen an Deutschland wach, wo er als 18-jähriger Besatzungssoldat bei der Air Force in Landsberg (Bayern) seinen Wehrdienst abgeleistet hatte. Leider sei er dem Alkohol verfallen und schließlich unehrenhaft aus der US-Army entlassen worden. Aber Deutschland habe ihn sehr beeindruckt. Das Stadtmuseum Landsberg thematisiert übrigens die amerikanische Truppenpräsenz und Johnny Cashs Stationierungszeit von 1951–1954 anhand von Exponaten, Zeitzeugeninterviews von US-Veteranen und Landsberger Bürgern sowie bislang unveröffentlichter Fotografien Johnny Cashs aus Privatbesitz.

Am liebsten sprach der damals 41-jährige Musiker darüber, welche Spuren Gott in seinem widersprüchlichen Leben hinterlassen habe. In seiner heimatlichen Baptistengemeinde sei er als 14-Jähriger einem Altarruf gefolgt und habe sich öffentlich zu Christus bekannt. Es sei nicht die Bekehrung eines Säufers, sondern die Kapitulation eines Jungen vor Gott gewesen. Als er an diesem Abend die Kirche verließ, habe er sich so wohl gefühlt wie ein Fisch im Wasser. Zutiefst bedauerte er, dass er Gott in den darauffolgenden 24 Jahren nicht die Treue gehalten habe. Erst in der Gefängnisnacht in Georgia habe er als verlorener Sohn wieder ins Vaterhaus Gottes zurückgefunden. In diesem Moment des Gesprächs hellte sich sein zerfurchtes Gesicht wieder auf, als er fortfuhr: „Mir wurde bewusst, dass die Gebete meiner

Angehörigen und die aufopfernde Fürsorge meiner heutigen geliebten Ehefrau June Carter mir geholfen haben. Wir haben uns beide als Kinder bekehrt, aber später unsere Leiber dem Teufel hingegeben. Wir sind wirklich durch die Hölle gegangen." Dann schwärmte der erweckte Christ von seiner Kirchengemeinde, dem *Evangel Temple* am Rande seiner Heimatstadt Nashville (Tennessee): „Ich brauche hier auf der Erde eine geistliche Heimat; einen Glaubensanker, nach dem ich greifen und an dem ich mich festhalten kann, wenn mich die Flut wegzutreiben droht."
Fünf Stunden nach unserem privaten Gebetsfrühstück im Londoner Parkhotel stand Johnny Cash vor 70.000 Zuschauern auf der Bühne des Wembley-Stadions und sagte: „Hello, I am Johnny Cash. Seien Sie nicht enttäuscht, ich werde nicht predigen und Billy Graham wird nicht singen." Gemeinsam gestalteten die eng miteinander befreundeten Amerikaner die missionarische überkonfessionelle Veranstaltung.

Ich trage Schwarz für den Häftling im Knast

Mit diesem radikalen Gesinnungswandel ihres Superstars waren seine Produzenten und Veranstalter überhaupt nicht einverstanden. Darüber war der wiedergeborene Christ sehr traurig, und er sagte: „Ich habe den Eindruck, meine Plattenfirma hätte es lieber, ich säße im Gefängnis statt in der Kirche. Meine Kollegen hätten mich lieber so, wie ich früher war. Sie wollen mich fluchen hören, hätten gern, dass ich mein Auto zu Schrott fahre ... Sie tun so, als versteckten sie ihren Whisky und ihr Marihuana, wenn ich in ihre Garderobe hinter der Bühne komme, und dann machen sie sich lustig darüber. Diese Leute können oder wollen nicht verstehen, dass ich ohne meine Hinkehr zu Gott, ohne diese Wandlung gar nicht mehr unter den Lebenden wäre."

Geradezu euphorisch betonte er immer wieder: „Wie herrlich ist es zu wissen, dass Jesus die Schuld dieser schrecklichen Jahre ausgelöscht und vergeben hat." Nach ihrem gemeinsamen Neuanfang als Christen träumte June Carter, Johnny säße auf einem galiläischen Berg und verkündige die Frohe Botschaft von Jesus Christus. Daraufhin entstand der von Cash produzierte und finanzierte Spielfilm *Gospel Road*, die Geschichte Jesu, von June und Johnny in Wort und Lied dargestellt.

Stolz erzählte der Künstler, *Gospel Road* sei in jedem amerikanischen Zuchthaus von New York bis Kalifornien vor Hunderttausenden von Gefangenen aufgeführt worden. Außerdem gab er jahrzehntelang jährlich mindestens zehn Konzerte in Gefängnissen. „Ich möchte die Inhaftierten wissen lassen, dass es da draußen in der Freiheit Leute gibt, die an ihrem Schicksal Anteil nehmen", gestand der Anwalt der Entrechteten. Es waren wohl seine bewegendsten Auftritte in seinem Leben.

Sein Markenzeichen war seine schwarze Kleidung, eine Äußerung seines sozialen Engagements. Deshalb sang der „Man in Black" in seinem gleichnamigen Lied:

„Ich trage Schwarz für den Häftling im Knast
und für den, der niemals las und hörte, dass Jesus ihn nicht vergaß,
und der nicht von dem wahren Glück weiß,
dass uns Gott in seiner Liebe ganz versteht.
Ich trage Schwarz für den, der einsam und alt ist,
und für den, der sich im Drogentrip vergisst."

Der Anwalt der Entrechteten und Ausgestoßenen

Obwohl Johnny Cash die letzten fünf US-Präsidenten persönlich kannte und auch im Weißen Haus Konzerte gab, hielt er mit seiner Meinung nicht hinter dem Berg. So schrieb er zum Beispiel an George Bush sen. einen Brief, als während des Zweiten Golfkrieges die amerikanischen Truppen im Irak intervenierten. Darin hieß es: „Herr Präsident, Sie ängstigen mich zu Tode. Was machen unsere Jungs dort? Sie sollten sie da schnell wieder rausholen."
Zeitlebens blieb der Anwalt der Entrechteten sich selbst treu: Der Außenseiter kämpfte für das Recht der Indianer und protestierte gegen den Krieg in Vietnam. Seine Sympathie und Solidarität mit den Ausgestoßenen und Rechtlosen begründete der sozial engagierte Künstler mit der wichtigsten Lektion seines Lebens: „Gott hat mich lieb." So reichten sei-

ne sozialen Aktionen von der Unterstützung Gefangener und Suchtabhängiger bis hin zur Gründung diverser SOS-Kinderdörfer.

Als er einmal auf Jamaika Urlaub machte und von einem schmalen Bergpfad aus die herrliche Montego Bay bewunderte, stand plötzlich ein sechsjähriges Mädchen vor ihm und rief: „Hello Sue." Das kleine Mädchen aus den Slums von Barett Town kannte den amerikanischen Sänger offensichtlich aus dem Fernseher, dessen lebensgroße Silhouette ein Warenhaus aufgestellt hatte, um Kunden anzulocken. Dort hatte sie seinen Song *Hello Sue* gehört. Auf die Frage, wo es wohne, antwortete das elternlose Kind: „Nirgends." Cash stellte Nachforschungen an und erfuhr, dass auf der übervölkerten Antilleninsel jährlich zahllose Babys von ihren Eltern ausgesetzt werden und bettelnd durch die Straßen laufen. Daraufhin gründete er auf Jamaika ein SOS-Kinderdorf.

Gerücht über Drogenrückfall bei *Wetten, dass..?*

„Der da oben war mal ganz tief unten", sagte eine Frau neben mir in der Frankfurter Jahrhunderthalle, während Johnny Cash mit June Carter auf der Bühne sang. Seit unserer ersten Begegnung in London (1973) waren inzwischen 15 Jahre vergangen. Diesmal brauchte ich nicht meinen detektivischen Spürsinn einschalten. Der deutsche Konzertveranstalter Fritz Rau, „Europas Rockpapst", bot mir das einzige

Exklusivinterview mit Johnny Cash während seiner letzten Deutschlandtournee an. Es gab ein Plauderstündchen vor dem Konzert und in der Pause zwischen den Ehepaaren Johnny Cash und June Carter und meiner Frau Monika und mir. Ein großes Privileg. Beide Musiklegenden verkehrten mit uns wie mit einem länger befreundeten Ehepaar, ungezwungen, aufeinander eingehend und aneinander interessiert. Johnny und June überfielen uns gleich mit den neuesten Nachrichten aus China. Vor einer Stunde hätten sie mit ihrem Freund Billy Graham aus Peking telefoniert, der ihnen voller Begeisterung von dem blühenden Wachstum der chinesischen christlichen Kirchen berichtet hatte. Trotz 50-jähriger Verfolgung gäbe es heute in China mehr Christen (120 Millionen) als kommunistische Parteimitglieder. Der US-amerikanische Evangelist Graham, der von verschiedenen Organisationen und Gesellschaften wiederholt zum *Mann des Jahres* gewählt wurde und dem ich dreimal persönlich begegnen durfte, war für uns ein leuchtendes Vorbild des Glaubens.

Der Himmel bewölkte sich fast bedrohlich, als ich am Ende unserer harmonischen Unterhaltung auf das in Deutschland kursierende Gerücht zu sprechen kam, Johnny Cash sei wieder rückfällig geworden. Millionen Fernsehzuschauer hätten bei seinem letzten Deutschlandbesuch in der Unterhaltungssendung *Wetten, dass..?* befürchtet, er sei wieder rückfällig geworden; denn er habe leicht beschwipst gewirkt. Johnny und June wurden sehr traurig und widersprachen energisch diese Einschätzung: Der lange

Flug von den USA nach Deutschland habe besonders bei ihm zu körperlichen Anpassungsschwierigkeiten durch die Zeitverschiebung und Klimaumstellung geführt. Weil er nachts nicht hätte schlafen können, habe er sich mittags ausruhen wollen und dabei die Schlafentablettendosis unterschätzt. So sei er abends in der Fernsehshow ziemlich benommen gewesen und habe etwas gestottert, als er die Abwesenheit seiner Frau wegen Unpässlichkeit entschuldigte. Wiederholt bekräftigten beide, dass Johnny von seiner Drogen- und Alkoholsucht seit seiner totalen Hingabe an Gott geheilt sei. Dieses Gerücht eines Rückfalls in die Drogenabhängigkeit sei für ihn deshalb so schmerzvoll, weil sein Gott dadurch auch in Misskredit gefallen sei. Vielmehr versicherte er mir, dass seine Glaubensbeziehung zu seinem Erlöser von Jahr zu Jahr intensiver geworden sei: „Er inspiriert mich zu allem Guten, das ich zu tun vermag. Er ist auch die Quelle für mein musikalisches Schaffen. Jeden Tag vertraue ich ihm mein Leben an. Dann, wenn ich nach seinem Willen lebe, läuft alles wunderbar, sonst geht alles schief." Auf meine Frage, wann das singende Ehepaar von der Bühne abtreten wolle, antwortete Johnny: „Niemals." Aber dann korrigierte er sich: „Solange Gott mich singen lässt, bleibe ich oben."

Wiedersehen im Himmel

In den letzten Jahren seines Lebens erkrankte Cash an einer unergründlichen Nervenkrankheit. Außerdem schwächten Lungenentzündungen und diverse Herzoperationen seinen Körper, aber sein Geist blieb rege und er sah dem Tod unerschrocken ins Auge. Trotz seiner Krankheit musizierte er mit größter Anstrengung weiter. So ließ er sich auf seinem Anwesen in einem Blockhaus neben seinem Gebetsplatz noch ein Studio einrichten, in dem er ein Meisterwerk reiner Popmusik schuf. „Da singt einfach ein Mann mit all seiner Kraft und einer Stimme, die sakraler nicht werden kann", schwärmte ein *Focus*-Journalist über diese Produktion.

Nach einer Herzoperation starb am 15. Mai 2003 seine 73-jährige geliebte Ehefrau June Carter, mit der er 35 Jahre überaus glücklich verheiratet war. June war voll des Lobes über ihren Johnny. Sie bezeichnete ihn als die „wahrscheinlich ungewöhnlichste, beste und selbstloseste Person", die sie kannte. Johnny saß Tag und Nacht an ihrem Krankenbett und tröstete sie auch in der Stunde ihres Todes.

Einer konnte ohne den anderen nicht leben: Nur vier Monate später, am 12. September 2003, starb auch der 71-jährige Star der Countrymusic. Und er war darauf vorbereitet, denn er sagte: „Man kann sein Leben nur Tag für Tag leben. Das Gefühl, dem Tode nahe zu sein, hat mir eine ganz neue emotionale Sensibilität gegeben." John Carter Cash, der Sohn von Johnny und June, vermisst immer noch seinen

Vater. Mit seinem „besten Freund" verbindet ihn der gemeinsame Glaube an Gott. Als seine Mutter starb, wusste er, dass sein Vater es kaum erwarten konnte, sie im Himmel wiederzusehen.

Zuletzt sah ich sie Hand in Hand auf der Bühne stehen, sie strahlten sich an und sangen: „Wenn ich vor dir sterbe, werde ich auf der anderen Seite auf dich warten." Sie wirkten auf mich wie begnadigte Heilige, wenn sie sangen: *Oh when the saints go marching in* (Wenn die Heiligen in den Himmel kommen, Herr, lass mich dabei sein). Nun sind sie beide im Himmel angekommen. Was mich an Johnny Cash beeindruckte, war seine kindliche Verbundenheit mit Jesus, sein Trost im Leben und im Sterben sowie seine Hoffnung über den Tod hinaus. Diese Gewissheit ließ ihn über alle Klippen hinwegsteigen und schärfte sein Verantwortungsbewusstsein und seine Liebenswürdigkeit in allen Lebenslagen.

Bei unserer letzten Begegnung bekannte er mir: „Als Schauspieler und Sänger habe ich keine allzu großen Möglichkeiten zur Verkündigung des Evangeliums, obgleich ich in jedem Konzert auch christliche Songs vortrage. Ich glaube vielmehr, dass mein verändertes Leben die wirksamste Predigt für meine Zuhörer ist. Mit Jesus leben, das wirkt."

Ein Jahr nach seinem Tod brachte die Plattenfirma eine Sammlung von bisher unveröffentlichten Aufnahmen „der größten Stimme der Christenheit seit Johannes dem Täufer" (so der Leadsänger Bono der irischen Band U2) mit dem Titel *Unearthed* (Ausgegraben) auf den Markt. Darauf befinden sich eindringliche Lieder von Johnny Cash, die von den Themen Schuld und Sühne, Gericht und Gnade, Tod und Leben handeln. Das Lied *Singer of Songs* klingt wie ein Vermächtnis des legendären Sängers:

„Ich bin kein Prophet, und kein Pfarrer.
Ich bin kein weiser Mann, der aus dem Osten kam.
Ich würde dir nicht sagen, was richtig oder was falsch ist.
Aber ich kann dich zu einer Stadt führen,
wo ein Mann gekreuzigt wurde.
Ich kann dir sagen, wie er lebte und woran er starb.
Ich kann helfen den Ruhm dieses mächtigen Königs zu verkünden.
Ja, ich tue es mit Liedern, die ich singe."

Johnny Cash: „Jeder Song muss so klingen, als ob du in der Stunde deines Todes erzählen willst, wie dein Leben war."

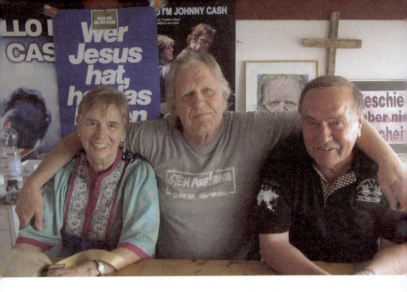

Gunter Gabriel (1942–2017)

„Hey, Boss, ich brauch mehr Geld" (... aber noch mehr Liebe)

Ich bin ein Star – holt mich hier raus, das waren die letzten Schlagzeilen (2016) über Gunter Gabriel, der ein Jahr später an den Folgen eines Treppensturzes verstarb. Der 74-jährige Schlager- und Country-Sänger war der erste Kandidat, der das RTL-Dschungelcamp schwer erkrankt verlassen musste. Seine Gage von 300.000 Euro war schnell aufgebraucht. Zuletzt empfand er sein Leben vollkommen sinnlos. Er müsse da etwas reinpacken, um nicht zu verzweifeln. „Und da ist die Musik natürlich das Beste."

Auf seinem Hausboot fühlte er sich am wohlsten. Am 12. Juli 2012 gab der Fernsehsender *VOX* in der 90-minütigen Sendung *Das perfekte Promi Dinner* ganz private Einblicke in das Leben von vier Prominenten. Bei wem fühlen sich die Stars am wohlsten und welches Menü kommt am besten an? Gastgeber war dieses Mal Gunter Gabriel auf seinem Hausboot. Ein Koch musste für das leibliche Wohl der Dinner-Runde sorgen, denn der Hausherr hatte noch nie gekocht. Die Gäste waren zunächst geschockt, als sich der „Hafen-Cowboy" die Haare vom Kopf riss, aber es war nur ein Toupet. Bei dieser Fernsehshow beeindruckte mich ein Poster, dass an der Kajütenwand hing und die Worte trug: „Wer Jesus hat, hat das Leben." Ich wollte unbedingt wissen, was diese christliche Botschaft mit der Country-Legende zu tun hatte, und kontaktierte seine Managerin, die schließlich ein Treffen arrangierte. An einem sonnigen Juninachmittag (2014) waren meine Frau Monika und ich schließlich Gabriels Gäste an Bord seines geliebten „Luxusliners".

Bibelausstellung in der Bordtoilette

Es war gar nicht so leicht zu finden, das mysteriöse Hausboot des Kultsängers im Harburger Binnenhafen inmitten von Speichern, Werften, Lastkränen, Kuttern und Frachtschiffen. Gunter Gabriel erwarb das ehemalige DDR-Arbeiter-Wohnschiff *Magdeburg* 1995 für 80.000 Mark. Als meine Frau Monika

und ich am frühen Nachmittag nach langem Suchen an der Kaimauer die *Magdeburg* entdeckten und über einen wackeligen Steg das Heiligtum des stolzen Besitzers betraten, waren nur zwei Handwerker an Bord. Gunter Gabriel würde erst in einer Stunde hier sein, ließ er uns bestellen, aber wir sollten es uns gemütlich machen, als seien wir zu Hause.
Über das Sonnendeck des 400 Quadratmeter großen Schiffes mit fünf kuscheligen Räumen führte der Weg direkt in das Büro des Country-Sängers. Schon auf den ersten Blick war alles klar: Hier herrschte kreatives Chaos. Unzählige Bücher und Notizhefte lagen verstreut auf dem großen Schreibtisch, zahllose Fotos, Cartoons und Zeitungsausschnitte waren an die Wände gepinnt. Volle Bücherregale, stapelweise CDs, aufgeschlagene Bücher und Magazine erzählten von einem vielseitig interessierten Menschen. Später erzählte uns der Hausboot-Kapitän: „Was mich interessiert, schneide ich aus und klebe es in ein Notizbuch – so fülle ich mit meinen Schnipseln monatlich mehrere Ringbücher." Neben der Musik schwärmte er von seinem Lesestoff. Alles, was hier in den Regalen stehe, habe er regelrecht verschlungen. Zu seiner Lieblingslektüre zählte Albert Schweitzer. Er habe alle Bücher von ihm gelesen. Dann zeigte er uns dessen Hauptwerk *Aus meinem Leben und Denken.*
Auch seine Bordtoilette glich einem Leseraum, eher noch einer Bibelausstellung. Mindestens zehn kunstvoll gestaltete Heilige Schriften, Altes und Neues Testament, waren hier zu besichtigen und an dem stillen Örtchen andächtig zu betrachten und zu lesen.

„Steh auf, Mann, und tu' was"

Besonders stolz war der „Hafen-Cowboy" auf seine Küche, die ehemals originale Tour-Küche von Opernstar Luciano Pavarotti. An seiner Küchenwand klebte ein handgemalter Zettel. Darauf stand in schwarzer Schrift: „Steh auf, Mann." Darauf sprach ich ihn später an, nachdem er endlich in Cowboystiefeln mit Eilschritten an Bord kam und sich entschuldigte. Er komme von einem Konzert und sei auf der Autobahn in einen Stau geraten.
Die Geschichte des Küchenzettels erzählte mir der Country-Sänger offenherzig. Mitte der Achtzigerjahre war der damalige Star erbarmungslos abgestürzt. Seine damaligen Berater hatten ihn um 10 Millionen Mark geprellt. Kein einziger Freund war ihm geblieben. Gabriel überlebte in einem Wohnwagen. Zehn Jahre hatte seine Durststrecke gedauert. Er habe aber nur sein Geld verloren, nicht sein Rückgrat, erklärte er mir. Natürlich wollte ich wissen, wie er es geschafft hatte, wieder aus dem Sumpf herauszukommen. „Jeder Mensch ist was wert, auch wenn er kein Geld hat", antwortete er. „Man muss auch seine Stunde nutzen und darf nicht mit der Flasche Bier in der Hand auf dem Sofa sitzen bleiben. Mein Lebensmotto lautet: ‚Steh auf, Mann. Tu was.' Aus meiner Krise ist eine Chance geworden. Steh auf. Du überwindest den Schmerz nur, wenn du ihn aushältst und daraus eine Chance machst." Heute fühle er sich als 70-Jähriger zehnmal wohler als vor 30 Jahren. Höhepunkt des Lebens sei nicht die Jugend ge-

wesen, sondern das Alter. Er habe im Augenblick so viel zu tun, dass er seine eigene Beerdigung verpassen würde. Und dann erzählte er euphorisch von der Wohnzimmertour-Idee, um seine Viertelmillion Euro Steuerschulden abzuzahlen. In einer Talkshow 2007 sagte er zu der Moderatorin, er würde bei jedermann zu Hause auftreten, wenn er 1.000 Euro dafür bekäme. Wenn 500 Leute ihn einlüden, könnte er seine Schulden loswerden. Nach der TV-Sendung bekam er 2.000 Anrufe aus Europa. Auf goldenen Hochzeiten, Gartenpartys, Bauernhöfen und Klubhäusern, in Wohnstuben, Kirchen und Krankenhäusern unterhielt der Barde jahrelang die norddeutschen Fans mit Evergreens und den Weisheiten aus seinem bewegten Leben. Unzählige Freundschaften wurden geschlossen. Die „Wohnzimmertour" markierte einen Wendepunkt in seiner Karriere.

„Mein Vater hat mich mit vierzehn rausgeworfen"

Der gastfreundliche Schiffsherr mit der rauen Schale und einem sensiblen Kern bot uns gleich einen Kaffee und leckeres Gebäck an. Den genialen Künstler mit zerzausten Haaren und zerfurchtem Gesicht hatten Monika und ich gleich ins Herz geschlossen. Er war eine ehrliche Haut, spielte kein Theater und machte aus seinem Herzen keine Mördergrube.
Schonungslos schilderte er seine Kindheit in einer verschuldeten Arbeiterfamilie. „Wir waren zehn mit

Mama und Papa und lebten in einer kleinen Hütte am Rande der Stadt Bünde. Wir waren arm. Meine Mutter starb nach einer Abtreibung, als ich vier war. Mein Vater vertrank seinen Lohn schon am Freitagabend. Er kam als psychischer Krüppel aus Stalingrad nach Hause. Damals gab es noch keinen Psychiater. Er hat seine ganze Wut und Aggressivität an uns Kindern ausgelassen, bis ich irgendwann zurückgeschlagen habe. Mein Vater hat mich mit vierzehn rausgeworfen und ich musste mir selbst helfen. Später machte ich das Fachabitur und studierte Maschinenbau, brach aber das Studium ab und begann Lieder zu schreiben."

800 Lieder schrieb er für sich selbst und andere. Darunter Hits für Juliane Werding, Frank Zander, Roland Kaiser, Tony Marshall und Howard Carpendale. Die von ihm gesungenen Country- und Trucker-Songs spiegeln eine Fernfahrerrealität wider, wie er betonte. Das seien seine wirklichen Helden gewesen, wie früher die Kumpel, die unter Tage arbeiteten.

Der Liedermacher dankte seinem Volksschullehrer, der sein Talent erkannt hatte. „Mathematiker wirst du nie", habe er gesagt. „Aber du kannst gute Aufsätze schreiben." Und seine Plattenfirma hielt ihn nicht nur für einen guten Schreiber, sondern animierte ihn, seine eigenen Texte selbst zu singen.

Die deutsche Stimme von Johnny Cash

Über Europa bekannt wurde Gunter Gabriel als die deutsche Stimme von Johnny Cash, mit dem er bis zu seinem Tod befreundet war. Der deutsche Country-Sänger und der US-amerikanische König der Countrymusic hatten viele Gemeinsamkeiten. Bevor Johnny Cash Christ wurde, war er wie Gabriel drogen- und alkoholabhängig. Beide sangen von Männern, Mördern und Malochern, von Schuld, Schmerz und Schicksalsschlägen.

Der 70-jährige „deutsche Johnny Cash" ließ als Titelfigur im Musical *Hello, I'm Johnny Cash* an der Seite der Sängerin Helen Schneider in der Rolle von Cashs Ehefrau June Carter sein Idol wieder aufleben. Das Musical zeigt Cash in allen Stationen seines bewegten Lebens. Von den ersten Plattenaufnahmen über das Kennen- und Liebenlernen seiner späteren Ehefrau June Carter bis hin zu den letzten Wochen vor seinem Tod. Passend dazu gab Gabriel 30 Songs des „Man in Black" zum Besten. Jahrelang spielte Gunter Gabriel die Rolle seines Lebens und das Publikum war begeistert. Alle Vorstellungen waren ausverkauft. Da waren wir bei Gunter Gabriels Lieblingsthema angekommen. Was wäre sein Leben ohne die „Lichtgestalt" Johnny Cash? Auf seiner Deutschlandtournee habe er die Country-Legende stets begleitet. Vor jedem Auftritt habe Johnny Cash in seiner Garderobe gebetet und die Aura um ihn herum habe eine ungeheure Ausstrahlungskraft gehabt. Auch ich erzählte von meinen persönlichen

Begegnungen mit dem amerikanischen Superstar und dass ich seine Begeisterung für Cash nachvollziehen könne.

Johnny Cash in seinen letzten Tagen

Als ob sich die Wolken vor die Sonne schoben, verdunkelte sich der Blick des Johnny-Cash-Fans, weil er seinen letzten Besuch im Studio von Johnny Cash in Hendersonville bei Nashville vor Augen hatte. Gunter Gabriel erzählte: „Es war im Sommer 2003. Ich hatte gerade erst einen Herzinfarkt überstanden, aber mein Manager beschwor mich: ‚Entweder du stirbst jetzt oder Johnny Cash stirbt. Nimm die letzte Gelegenheit wahr.' So habe ich drei Wochen vor seinem Tod einige Tage mit ihm verbracht. Johnny war nicht mehr wiederzuerkennen, als er mit seinem Sohn in einem 500er-Mercedes Benz von seinem Haus ins Studio kam. Er war ein Krüppel, konnte kaum noch gehen, seine Haare waren ausgefallen und sein Körper geschrumpft. Ich bin auf die Knie gegangen und habe geweint, was er nicht gerne sah. Aber sein Geist war aktiv und kreativ. Hier spielte er sein letztes und bestes Album *American Recordings* ein. Seine Bibel war immer dabei. Ich habe darin geblättert. Jede Seite war unterstrichen mit grünem und rotem Kugelschreiber. Stundenlang hat er zusammen mit seinem Produzenten und seinem Sohn gebetet. Für mich war es eher peinlich und ungewohnt, weil ich da nicht mithalten konnte. Und doch unglaublich beeindruckend, weil diese Gebete von Herzen kamen und voller Hingabe waren. Dafür bin ich empfänglich. In seiner finalen Phase sang Johnny Cash *Personal Jesus* so, als hätte er Jesus bereits persönlich getroffen. Es war eine wunderbare Atmosphäre wie aus einer anderen Welt."

„Ich habe zu Hause nie Liebe erfahren"

Unsere Gesprächsatmosphäre an Bord war harmonisch bis auf den Lärm der benachbarten Werft, dessen Besitzer ein Fan von Gunter Gabriel war und deshalb keine Liegegebühr für das Hausboot forderte. An der Bordwand hing ein makabres Foto, das den Country-Sänger in einem Sarg zeigt, eine Gitarre auf den gefalteten Händen. Darunter ein Zettel, SARG in Großbuchstaben. „Das S steht für Stress, A für Alk, R fürs Rauchen, G für Gewicht." Stress und Alkohol habe er schon gestrichen.
Heimlich, still und leise hatte sich eine charmante Dame mittleren Alters an Deck geschlichen und begrüßte liebevoll den Hafen-Cowboy mit einer Flasche Wein in der Hand. Anschließend verzog sich die Verehrerin ins Schiffsinnere. Wir kamen auf seine Frauen zu sprechen. „Von vier Frauen habe ich vier Kinder", sagte er schuldbewusst. „Ich schäme mich, aber es hat nie lange geklappt mit meinen Frauen. Meine Kinder sehe ich regelmäßig und bin stolz auf sie. Die Älteste lebt in London und hat sich erfolgreich im Modebusiness etabliert. Wenn sie zu mir

kommt, schläft sie auf dem Boot, Platz ist genug. Der riesige Kahn ist gemütlich, teils stilvoll, teils originell ausgebaut."
Im bürgerlichen Sinne habe er versagt, gestand mir der traumatisch belastete Sänger. Er habe nie Liebe erfahren, weder von der Mutter noch vom Vater. „Aber trotzdem bin ich bis heute auf der Suche nach dem bürgerlichen Glück der Ehe. Deshalb habe ich auch immer geheiratet; denn jeder träumt von Treue, Zuverlässigkeit und Geborgenheit."
Seine aktuelle Freundin hieß – wie meine Frau – Monika, die uns an Bord aufmerksam umsorgte. Von ihr sagte der umschwärmte Frauenheld: „Das ist wohl meine Endstation. Die Vielweiberei hat jetzt ein Ende."

„Ich war nicht immer Vorbild"

Und da sprach die Sehnsucht nach Gott aus ihm, die den wahrheitssuchenden und vom Schicksal gebeutelten Sänger nicht losließ. Als Neunjähriger hatte er einen Autounfall und war an Tetanus erkrankt. Daran erinnerte er sich immer wieder: „ Man hatte mein Bett schon ins Sterbezimmer gefahren, weil der Arzt stündlich mit meinem Tod rechnete. Am anderen Morgen war die Krankenschwester ganz erstaunt, dass ich noch lebte, und sagte, sie glaube, der liebe Gott habe wohl noch eine ganze Menge mit mir vor. Dieser Satz begleitet mich bis heute."
Für Gott sei er als künstlerischer Mensch immer

empfänglich gewesen und in kritischen Situationen habe er immer beten können. Begleitet habe ihn bis heute Pierre Witzmann, der Direktor der Berliner *Berlitz Sprachschule*, wo er einen Crashkurs absolvierte, um seine englische Sprache im Umgang mit Johnny Cash zu verbessern. Dann erzählte er: „Als ich 1983 richtig in der Scheiße saß, habe ich Pierre Witzmann in Berlin kennengelernt, der mich das Beten gelehrt hat. Pierre war immer gut drauf. Als ich ihn fragte, ob er täglich bekifft sei („Frühmorgens einen Joint, dann ist der Tag dein Freund"), antwortete er, im Glauben sei er immer mit Jesus verbunden, der sein Leben erneuert habe. Das hat mich ungeheuer beeindruckt. Jedes Mal wenn ich in Berlin bin, gehen wir in Moabit in eine Kirche und beten manchmal eine ganze Stunde lang. Das tun wir aber auch im chinesischen Restaurant zwischen Suppe und Hauptgang. Es baut mich unheimlich auf. Und wenn ich auf meinem Schiff oder anderswo ins Schleudern komme, saufe ich nicht, sondern rufe Pierre an. Heute Morgen habe ich ihm wieder eine SMS geschickt."

Als ich am 4. März 2019, fünf Jahre nach meiner Begegnung mit Gunter Gabriel auf dem Hausboot, den 79-jährigen Pierre Witzmann anrief und mich nach seinem Verhältnis zu Gunter Gabriel erkundigte, sagte er mir: „Wenn Gunter mich in Berlin besuchte, hat er jedes Mal kniend vor Gott seine Schuld bekannt und den Rest seines Lebens ihm übergeben." Am Tage seines Todes habe Gunters Tochter Yvonne Koch ihn angerufen, ihr Vater würde ihn dringend bitten, für ihn am Ende seines Lebens noch einmal zu beten.

Was Gunter Gabriel vielleicht in seiner Sterbestunde innerlich bewegte, drückte er wohl auch in seinem Lied *Ich war nicht immer ein Vorbild* aus:

„Ich war nicht immer der Held.
Ich war ganz sicher kein Braver
Hab so manchen Menschen verprellt.
Ich war oft launisch und fertig.
Die Welt war mir scheißegal
Doch ich hab dafür geblutet
Und meinen Preis gezahlt
Ich hab mich im Chaos verlaufen,
war oft genug ein Idiot
Manchmal war ich blau wie der Ozean
Manchmal sah ich einfach rot
Ich bin alles andere als heilig.
Doch ehrlich bin ich schon
Und ich schwör dir, ab jetzt bleib ich bei dir
Und bin immer da für dich
Vor dir steht im Regen, was von mir übrig ist.
Du kannst es alles haben. Ich geb' den Rest für dich"

Im Harburger Hafen war die Sonne schon untergegangen. In der Abenddämmerung saßen wir auf einer weißen Bank im Unterdeck des kultigen Hausboots und ließen Episoden aus unserem Leben mit seinen Höhen und Tiefen Revue passieren. Verständlicherweise muss ich seelsorgerliche Einblicke für meine Leser leider ausblenden. Am Ende sprach

ich noch ein Gebet und den Abendsegen. Der nachdenklich gewordene Country-Sänger geleitete uns von Bord. Nach einer herzlichen Umarmung gingen wir auseinander.
Nach seinem Tod verkaufte seine Tochter das Hausboot für 30.000 Euro.

Hoffentlich hatte seine persönliche Managerin Heide Mombächer recht behalten, als sie Gunter Gabriel vor unserer Begegnung in einer E-Mail schrieb: „Gestern hatte ich mit Günther Klempnauer ein zweistündiges Vorgespräch. Gunter, bitte nimm dir viel Zeit. Es könnte für dich persönlich eine wichtige Begegnung sein."

Cliff Richard (*1940)

Der Star ohne Skandale

Der wohl populärste, inzwischen 77-jährige britische Popsänger Cliff Richard ist wieder auferstanden. Zum ersten Mal nach 14 Jahren präsentierte er 2018 ein neues Album: Rise Up. Den Titel habe er ausgewählt, weil er es geschafft habe, nach einer traumatischen Lebensphase, die ihm wie ein tiefer Sumpf erschien, wiederaufzuerstehen. Seine Konzert-Europa-Tournee im Juni 2019 war ein Highlight für seine begeisterten älteren und jungen Fans.
Von Cliff Richard kann man nur in Superlativen reden: Er ist der einzige britische Künstler, dem in fünf Jahrzehnten fünf Nummer-eins-Plätze in der Hitpa-

rade gelangen. 2006 brach Cliff Richard einen weiteren Rekord: Mit der Single *21st Century Christmas* erklomm er Platz 2 der britischen Charts und wurde damit der einzige Künstler weltweit, der in sechs aufeinanderfolgenden Jahrzehnten Top-Ten-Hits hatte. Cliff Richard ist damit neben Elton John der bei Weitem erfolgreichste britische Künstler. Er hält in fast allen Konzerthallen des Königreiches den Besucherrrekord. Zweimal vertrat er Großbritannien beim *Eurovision Song Contest*. Am 6. April 1968 belegte er mit dem Song *Congratulations* den 2. Platz und am 7. April 1973 mit *Power to All Our Friends* den 3. Platz. Cliff Richard zählt mit mehr als 250 Millionen verkauften Alben zu den erfolgreichsten Sängern Großbritanniens.

Das Phänomen Cliff Richard ist in der Rock 'n' Roll- und Popgeschichte unübertroffen. Cliff Richard wurde als erster britischer Sänger von Königin Elisabeth II. wegen seines sozialen Engagements geadelt. 1999 kam er ins Guinness Buch der Rekorde als erfolgreichster *United Kingdom Act* aller Zeiten vor Elvis Presley.

„Ich habe keine Leichen im Keller"

Wie ist es möglich, dass der wiederholt zum vorbildlichsten Popstar weltweit gewählte britische Sänger in Großbritannien dennoch durch die Hölle gegangen war? In einem Prozess wurde Cliff Richard angeklagt, er soll in den Achtzigerjahren einen minderjährigen Jungen sexuell missbraucht haben. Im August 2014 flimmerten damals Bilder um die Welt, die ein *BBC*-Team aus einem Hubschrauber heraus schoss. Sie zeigten Kriminalbeamte bei der Durchsuchung von Richards Haus in Sunningdale, westlich von London. „Als ob ich Einbrechern dabei zuschaute, wie sie meine persönlichen Habseligkeiten durchwühlten", beschrieb Richard den skandalösen Vorgang. „Mein altes Leben, lange Jahre ruhig und friedlich, war vorbei." Als er noch vor den Kripo-Ermittlungen auf bereits umlaufende Gerüchte reagieren wollte, warnte ihn sein PR-Mann: „Wenn Sie an die Öffentlichkeit gehen, kommen die Leichen aus dem Keller." Richards Antwort spricht für sich: „Ich habe keine Leichen im Keller." Der spektakuläre, aber fadenscheinige Prozess endete mit einem Freispruch in allen Anklagepunkten, wie nicht anders zu erwarten war. Die zuständige Kripo in Süd-Yorkshire entschuldigte sich später „vollständig" bei Richard und zahlte ihm 400.000 Pfund (450.000 Euro) Schmerzensgeld. Auch der öffentliche Sender *BBC* wurde zu einem Schmerzensgeld von 400.000 Pfund verurteilt, weil der Sender aus Sensationssucht Richards Rechte ernsthaft verletzt habe.

Seit 60 Jahren schon waren die berüchtigten britischen Massenmedien dem christlichen Superstar auf den Fersen, um ihm wenigstens einen Skandal anhängen zu können. Auch der letzte Versuch musste jämmerlich scheitern.

Das Popidol in der Weihnachtsausgabe der *Bravo*

Ich lernte Cliff Richard 1973 in der Londoner *Earls Court Arena* kennen. Nach hartnäckigen Verhandlungen mit seinem Manager gelang mir ein Exklusivinterview mit dem Popidol vor seinem Auftritt. Wie ein Lauffeuer hatte es sich unter den anwesenden Journalisten herumgesprochen, dass ich das große Los gezogen hatte. Ob sie mich nicht begleiten dürften in der Hoffnung, auch noch ein paar Fragen zu stellen. Unter ihnen war ein Redakteur vom *WDR*-Kirchenfunk, der es gewagt hatte, mein Interview mit seinem damaligen Chef, dem *WDR*-Intendanten Klaus von Bismarck, nicht zu senden, weil es zu fromm war. Aber ich wollte keine Rache üben und erlaubte ihm deshalb, mich zu begleiten.
Wie ein unbekümmerter großer Junge wirkte der smarte Sänger auf mich, als wir uns begrüßten. Wiederholt sind wir uns begegnet, immer herzlich, respektvoll und ohne Starallüren. Uns verband der gemeinsame Glaube an unseren Herrn Jesus Christus.
Im Mittelpunkt meines ersten Gesprächs mit dem Popstar war natürlich seine Hinwendung zum christlichen Glauben, der weltweites Aufsehen erregte. Wilde Gerüchte kursierten auch in Deutschland, Cliff wolle Religionslehrer werden. Die Jugendzeitschrift *Bravo* sammelte 40.000 Unterschriften von Cliff-Richard-Fans, die ihr Idol beschworen, Popsänger zu bleiben. Für die Weihnachtsausgabe (1987) der größten deutschen Jugendzeitschrift schrieb ich ei-

nen zweiseitigen Artikel über das Popidol unter der Überschrift *Warum ich Jesus liebe*. Natürlich musste ich zahlreiche Fan-Briefe beantworten, die sich vor allem auf seinen christlichen Glauben bezogen.

„Du bist verrückt, weil du Christ bist"

Meine erste Interview-Frage in London bezog sich auf seine Bekehrung. Die *Earls Court Arena* habe für ihn wohl eine besondere Bedeutung, weil hier 1966 eine neue Ära angebrochen sei. Gerne erinnerte sich Cliff an diese aufregende Zeit: „Ich war gerade seit 18 Monaten Christ. Der amerikanische Evangelist Billy Graham predigte in der *Earls Court Arena* und bat mich um mein Glaubensbekenntnis. Ich war sehr ängstlich und nervös, denn mir war plötzlich bewusst, dass ich meine Rock-'n'-Roll-Karriere aufs Spiel setzen würde. Wenn ich jetzt zurückschaue, war es für mich damals der erste positive mannhafte Schritt nach vorn mit allen Konsequenzen. Ich musste abwägen zwischen Geld, Ruhm und Jesus. Und Jesus hatte für mich das größte Gewicht."
Das Hohngelächter einer ungläubigen Welt war nicht zu überhören. Cliff atmete tief durch, bevor er darauf einging: „Damals war es schlimm, aber heute macht es mir nichts mehr aus, wenn Menschen zu mir sagen: ‚Du bist verrückt, weil du Christ bist.' Den Zynikern und Spöttern sage ich gelassen: ‚Schaut, Jesus lebt und füllt mein Leben mit seiner Kraft und seinem Geist aus.' Wenn man meine Platten nicht

mehr kaufen will, was soll's. Das Leben geht weiter – auch nach dem Tod. Hätte ich vor 2.000 Jahren gelebt, wäre ich von den Christenverfolgern nicht nur ausgelacht, sondern vielleicht auch den Löwen in Rom zum Fraß vorgesetzt worden. Man kann der Wahrheit nicht ins Auge schauen und ihr anschließend den Rücken kehren. Es sei denn, man ist ein Dummkopf ..."

Der Wendepunkt seines Lebens

Auf dem Höhepunkt seiner Rock'n'Roll-Karriere hatte er viele Millionen Fans in der ganzen Welt. Was war letztlich der entscheidende Grund, warum der gefeierte Weltstar plötzlich Christ wurde? Der britische Sänger antwortete: „Auf dem Höhepunkt meiner Karriere ließ mich das Gefühl einfach nicht los, dass mir das Wichtigste noch fehlte. Durch den plötzlichen Tod meines Vaters (1963) fing ich an, nach dem Sinn des Lebens zu fragen. Auf einer Tournee durch Australien wollte ich durch ein spiritistisches Medium Kontakt mit meinem verstorbenen Vater aufnehmen. Als das der Bassist meiner Band mitbekam, schlug er seine Bibel auf und zeigte mir die Stelle aus dem 5. Buch Mose 18,10-11, wo vor Verwünschungen, Geisterbeschwörungen und Totenbefragung gewarnt wird. Die Bibel machte mich neugierig und ich fand darin immer mehr Antworten auf meine quälenden Fragen."
Ein Jahr lang hat der damals 23-Jährige mit dem Re-

ligionslehrer seiner jüngeren Schwester, Bill Lathan, über den christlichen Glauben diskutiert. Dann öffnete sich für den Suchenden plötzlich eine Tür, durch die er hindurchging. Was war passiert? Cliff klärte mich auf: „Eines Abends las ich in der Bibel. Ich stieß auf das 3. Kapitel der Offenbarung, Vers 20. Dort sagt Jesus: ‚Siehe, ich stehe vor der Tür und klopfe an. Wenn jemand meine Stimme hören wird und die Tür auftun, zu dem werde ich hineingehen und das Abendmahl mit ihm halten und er mit mir.' In diesem Augenblick schlug wohl Gottes Stunde für mich. Erst jetzt erkannte ich, was ich theoretisch schon immer gewusst hatte: Eine Beziehung muss von zwei Seiten aufgebaut werden. Von mir aus hatte ich bisher nichts dafür getan, um mit Gott Kontakt aufzunehmen. Ich lag in meinem Bett und stammelte ein Gebet, das sich ungefähr so anhörte: ‚Jesus, ich spüre, dass du anklopfst …' Da fiel kein Blitz vom Himmel. Ich hörte auch keine himmlischen Stimmen oder hatte Visionen. Ich meinte es aber ernst und war bereit, die Folgen auf mich zu nehmen. Ich ließ ihn in mein Leben eintreten. Das war mein Wendepunkt."

In den Achtzigerjahren wurde Cliff Richard von 50.000 repräsentativ befragten Engländern weltweit als der bekannteste Christ genannt. Mutter Teresa bekam 4.900 und der Papst weit abgeschlagen 1.550 Stimmen. Natürlich habe er sich darüber gefreut und zugleich darauf hingewiesen, dass sein großes Vorbild Mutter Teresa sei. Wer ihr begegne, könne leichter an Jesus glauben. Wir hatten beide

Mutter Teresa in Kalkutta persönlich kennengelernt. Das war ein großes Thema, auch in unseren Gesprächen. Jedes Mal, wenn Cliff die Friedensnobelpreisträgerin besuchte, sei er mit ganz schlechtem Gewissen abgereist. Eigentlich hätte er dort auch unter den Ärmsten der Armen tätig sein müssen. Mutter Teresa habe ihn getröstet mit den Worten: „Cliff, Sie müssen Sänger bleiben und weiterhin viel Geld verdienen. Auf Ihre Spenden sind wir angewiesen."

Die englische Antwort auf Elvis Presley

Bevor Cliff Richard, „die englische Antwort auf den amerikanischen Rock'n'Roll-König Elvis Presley" (*Sunday Times*) wurde, machte er als Harry Webb, geboren am 14. Oktober 1940 in Lucknow, einer Vorstadt von Kalkutta, seine ersten Gehversuche als Sänger. Hier lebte er mit seinen aus England stammenden Eltern und drei jüngeren Geschwistern bis zu seinem siebten Lebensjahr, bis seine Eltern schließlich, Diskriminierung leidend, weil sie Ausländer waren, in ihre Heimat zurückkehrten. Beeinflusst von seinem Vater, hielt der 14-jährige Schüler Cliff den Religionsunterricht für völlig bedeutungslos. Deshalb trat er aus der anglikanischen Kirche aus, der er nach zehn Jahren wieder beitrat.
Die von Elvis Presley verkörperte Rock'n'Roll-Musik zog den begabten Sänger und Musiker in seinen Bann. Bereits mit 17 Jahren trat er mit seiner neu gegründeten Band *The Drifters* in bekannten Lon-

doner Klubs auf. Der millionenschwere Produzent Norrie Panamor von der Schallplattenfirma *EMI* entdeckte ihn und brachte 1958 die erste Single mit dem Titel *Move it* heraus, die in der Hitparade gleich auf den ersten Plätzen landete.

Mit seiner inzwischen umbenannten Band *The Shadows* feierte der temperamentvolle Rock'n'Roll-Star in Großbritannien und den Vereinigten Staaten seine ersten Triumphe. Überall wurde der zu *Englands Nummer eins* gewählte Rockrebell stürmisch gefeiert. Nach anfänglichem Entsetzen kamen schließlich immer mehr Väter und Mütter mit in die Konzerte, weil die aggressiven Untertöne verschwanden und Cliff sich zu einem vielseitigen und zeitlosen Unterhaltungskünstler gewandelt hatte. *Living Doll* hieß sein nächster Erfolgshit (1959), der bis heute über eine Million Mal verkauft wurde. Und seine Hits der 60er-, 70er- und 80er-Jahre wie *Congratulations*, *Power to all my friends* oder *We don´t talk anymore* werden bis heute noch in aller Welt gespielt.

Böse Zungen behaupten, sein größtes Verdienst bestehe noch immer darin, die Rolling Stones und die Beatles auf den Plan gerufen zu haben: Immerhin haben diese weltbekannten Pop- und Rockbands anfangs in Cliff Richard ihr großes Vorbild gesehen. Cliff sieht sein größtes Verdienst darin, den Rock 'n' Roll nach England geholt zu haben und als erster Nichtamerikaner damit Erfolg gehabt zu haben. Für ihn war Rock'n'Roll nichts anderes als ein Musikstil wie die Klassik mit einer äußerst suggestiven Wirkung. Er wisse, dass man die Rockmusik missbrauchen könne. Aber er präsentiere Rock 'n' Roll als ein befreiendes Lebensgefühl: Seine Shows im Wembley-Stadion waren zweimal hintereinander ausverkauft und seine Welttourneen unvergessen.

Erster westlicher Popsänger
in der Sowjetunion

Vor dem Hintergrund seines christlichen Sendungsbewusstseins nahm Cliff als erster westlicher Popsänger die Einladung der damaligen Regierung der UDSSR zu einer dreiwöchigen Konzertreise (1976) nach Moskau und Leningrad an. Daran knüpfte er die Bedingung, in jedem Konzert zwei christliche Lieder singen zu dürfen. Innerhalb weniger Wochen waren alle 100.000 Eintrittskarten für 20 Konzerte verkauft. Überall wurde er wie ein Gladiator gefeiert. Als ich drei Jahre später die Gemeinde der Evangeliumschristen in Moskau besuchte, die jeden Sonntag drei Gottesdienste mit jeweils über 3.000 Besuchern feierte, erinnerten sich die russischen Christen noch immer voller Begeisterung an den britischen Popstar. In ihrer Kirche sang er das Kirchenlied *When I survey the wondrous* cross (Wenn ich das wunderbare Kreuz betrachte, an dem der Herr der Herrlichkeit starb ...). Auch Cliff erinnerte sich bei einem unserer letzten Gespräche immer noch gern an diesen Gottesdienst in der kommunistischen Sowjetunion, wo Gott offiziell nicht groß geschrieben werden durfte. Er erzählte mir: „Als ich den ersten Ton ins Mikrofon hauchte, standen alle auf. Alte Männer und Frauen, jüngere Leute und eine Handvoll Soldaten. In diesen drei Minuten verstanden wir einander vollkommen. Im Glauben an Jesus gehören wir zu einer Familie. Diese tiefe Verbundenheit kann ich mit Worten nicht beschreiben. Man muss sie erlebt haben."

Christentum und die Weltreligionen

Wo immer der britische Popsänger seit 65 Jahren auftritt, empfiehlt er seinen christlichen Glauben, ohne dabei peinlich zu wirken. So sagte er seinen 16.000 japanischen Fans im Tokioer *Budokan*: „Die Tatsache, dass ich mich nicht schäme, Christus zu bezeugen, ist ein Beweis dafür, dass er mein Leben verändert hat. Ich möchte euch zu diesem Glaubensschritt ermuntern. Der Glaube an Christus befreit uns von unserem Egoismus und wir lernen andere Menschen so bedingungslos zu lieben, wie Christus uns geliebt hat."
„Warum gerade Christus?", fragte ich ihn provozierend, der sich für einen friedlichen Dialog mit den nicht christlichen Weltreligionen einsetzt, dabei aber einen festen Standpunkt einnimmt. Wie ein Theologe argumentierte Cliff Richard: „Streng genommen bin ich kein religiöser Mensch, sondern ein Christ. In den Religionen wie Hinduismus, Buddhismus und Islam sucht der Mensch aufgrund frommer Leistungen einen mühsamen Weg zu Gott. Im christ-

lichen Glauben sucht Gott den Menschen. Christus ist Mensch geworden, um unseretwillen. Darum feiern wir Weihnachten. Und er ist für die Schuld der Menschen gestorben. Darum heiligen wir Karfreitag. Und er hat den Tod durch seine Auferstehung für uns besiegt, darum feiern wir Ostern. Christsein bedeutet für mich nicht vorrangig die Befolgung ritueller Vorschriften und Regeln, sondern eine persönliche Beziehung zu Jesus Christus. Mein Christsein erlebe ich nicht als eine willenlose Einengung, sondern als eine totale Befreiung. Gott nahm mir meine Schuld und schenkte mir neues Leben. Meine Karriere spiegelt diese positive Veränderung wider."

Von Königin Elisabeth geadelt

Für den bekennenden Christen besteht der Glaube nicht nur in Worten, sondern vor allem in der Tat. Es ist für ihn heute selbstverständlich, mindestens den zehnten Teil seines Einkommens für soziale und missionarische Institutionen zu spenden. Jesus habe gesagt, „Wem viel [Geld] anvertraut ist, von dem wird man umso mehr fordern" (Lk 12,48). Im Laufe der Jahre haben sich durch seine Spenden etliche Millionen Pfund addiert. Freimütig bekannte er, früher hätte er sich niemals für christliche Hilfsorganisationen eingesetzt, sondern höchstens mal zu Weihnachten eine Kleinigkeit gespendet. Der Christusglaube habe sein Denken und Handeln grundlegend verändert.
Als Cliff Richard 1995 im Buckingham Palast von Kö-

nigin Elisabeth II. in den Adelsstand erhoben wurde, sagte der 55-Jährige, er sei froh, dass er für sein soziales Engagement und nicht für sein Singen geehrt würde. Die Arbeit als Musiker mache ihm zwar nach wie vor Freude, doch gebe es ihm Leben noch Wichtigeres.

„Einmal die Sau rauslassen"

Für die Sensationspresse war es unerträglich und überhaupt nicht lukrativ, dass Großbritanniens erfolgreichster Popsänger in seiner 65-jährigen Musikkarriere ohne Skandale blieb. Selbst den deutschen Journalisten riss der Geduldsfaden: „Wir wollen jetzt endlich mal einen Skandal hören." Mit dieser Provokation begann ein *Stern*-Reporter (Nr. 45/98) sein Interview mit Cliff Richard. Es müssten sich doch bei ihm in all den Jahren Unmengen von Aggressionen angestaut haben. Ob es ihm nicht wenigstens ein bisschen kribbele, einmal die Sau rauszulassen. Gelassen reagierte Cliff: „Es reizt mich nicht im Geringsten, für ein Arschloch gehalten zu werden. Ich bin in der ganzen Welt und bei allen, die mit mir arbeiten oder sonst wie zu tun haben, ein beliebter und geachteter Mensch. Darüber bin ich sehr glücklich." Auf die Frage, ob das Popidol irgendwo ein Gemälde verstecke, auf dem er nicht wie der (ewig jugendliche) Cliff, sondern eher wie der verlebte Keith Richards von den *Rolling Stones* aussehe, sagte er in Anlehnung an den Roman *Das Bildnis des Dori-*

an Gray von Oscar Wilde: „Ich habe keinen Pakt mit dem Teufel geschlossen, sondern mit Gott." Auch über die vielen Versuchungen, denen der Popstar ständig ausgesetzt ist, haben wir uns unterhalten. Sein Lebensmotto gleiche dem Bekenntnis des Apostels Paulus, der bekennt: „Ich vermag alles, der mich mächtig macht, Christus." Offen gab er zu: „Wenn Christus mich nicht vor dem Fall bewahren würde, stünde ich schon heute in den Schlagzeilen. Sollte ich einmal ausrutschen, etwas Unchristliches sagen oder tun, würden die Leute die Nase rümpfen und mein Christsein anzweifeln.

Das „Pappidol" im Kinderzimmer

In den 70er- und 80er-Jahren war Cliff Richard bei der jungen Generation so beliebt wie heute Justin Bieber, Rihanna oder Adele. Damals schwärmten sogar meine Töchter, die 5-jährige Regina und die 7-jährige Susanne, von dem britischen Popidol. Natürlich auch meine Berufsschüler und -schülerinnen im Religionsunterricht. Eines Tages besuchte uns der Gitarre spielende Musiker sogar im Unterricht: als *Bravo*-Starschnitt in Lebensgröße. Ich sollte das Pappidol meinen Töchtern präsentieren. Also schmuggelte ich den Star heimlich, still und leise ins Kinderzimmer, während meine Töchter sich im Wohnzimmer aufhielten. „Stellt euch vor", sagte ich aufgeregt zu ihnen, „Cliff ist zu Besuch gekommen und möchte euch mit einem Lied im Kinderzimmer überraschen." Sie hörten ihn schon singen und blieben voller Erwartung vor dem Kinderzimmer stehen, dessen Tür einen Spaltbreit offen stand. Sie sahen seine schemenhafte Gestalt mit der Gitarre, wagten aber nicht hineinzugehen. Dann fassten sie sich ein Herz, schoben die Tür auf und standen vor ihm. Eine Riesenenttäuschung. Es war nicht das Popidol aus Fleisch und Blut, sondern bloß ein Pappidol, eine Attrappe. Und der Song lief vom Tonband weiter.

Fünfzehn Jahre später war Cliff Richard wieder auf Deutschlandtournee. Sein Veranstalter, der legendäre Rockpapst Europas, Fritz Rau, bot mir das einzige Exklusiv-Interview mit dem britischen Popstar an. Welch eine Ehre. Das einmalige Angebot nahm ich sofort an, zumal Cliff mit seiner Band in meiner Heimatstadt Siegen, in der ausverkauften *Siegerlandhalle* auftrat. Meine inzwischen 20-jährige Tochter Regine wollte natürlich unbedingt dabei sein. Der britische Manager führte uns in einen exklusiven Salon. Cliff würde gleich kommen, sagte er, und verschwand. Als der sympathische braun gebrannte Strahlemann erschien, stieg bei Regina das Lampenfieber bei der herzlichen Umarmung. Eine volle Stunde waren wir zusammen und plauderten über seine weltweiten Erfahrungen auf der Bühne und hinter den Kulissen. Diesmal sprach ich ihn auch auf das leidige Thema „Sexualität" an, mit dem er immer wieder konfrontiert wird. Zweimal habe er sich in eine Frau verliebt, aber daraus sei nie etwas geworden. Er sei noch Junggeselle und kenne viele unverheiratete Männer und Frauen, die auch ohne körperliche Liebe glücklich wären. Viele Reporter wollen es nicht wahrhaben, dass er enthaltsam lebe, weil es für sie unvorstellbar ist. Aber das sei nicht sein, sondern ihr Problem (Anm.: Seit zehn Jahren lebt der heute 77-Jährige mit einem Mann zusammen, der dessen Besitz verwaltet und sich um seine wohltätigen Aktivitäten kümmert, G. K.). In Siegen tauschten wir auch unsere Glaubenserfahrungen aus und beteten am Ende miteinander, dass Gottes Liebe und seine Kraft uns stärken möge auf unserem Lebensweg. Die Zeit war abgelaufen. Der Manager musste aber noch ein „Familienfoto" machen. Vorher gab das Popidol seinem Fan noch einen Abschiedskuss, für Regina der erste Kuss von einem Mann. Ob sie im siebten Himmel war, verriet sie mir nicht.

Das Vaterunser wird boykottiert

Um die Jahrtausendwende gelang dem Popsänger die letzte Nummer eins in der britischen Hitparade. Das *Millenium Prayer*, eine neue Version des englischen Vaterunser zu der Melodie der traditionellen und weltweit verbreiteten schottischen Neujahrshymne *Auld Lang Syne*. Militante Atheisten verstanden die Welt nicht mehr, wie ausgerechnet das Vaterunser wochenlang alle anderen Pop- und Rocksongs hinter sich lassen konnte. Rundfunksender wie die *BBC* boykottierten die Popversion, weil sie angeblich zu kitschig sei. Auf meine Frage an den bekannten

Musikhistoriker der Musikhochschule Hamburg, Professor Dr. Hermann Rauhe, wie er die neue Version von Cliff Richard beurteile, sagte er mir: „Ich werte das *Millenium Prayer* positiv und freue mich über diese inspirierende Botschaft des Friedens für das neue Jahrtausend."

Als Weihnachtsgeschenk verschickte die Plattenfirma *Roadrunner Records* Richards Popsong *Millenium Prayer* an 31.000 deutsche katholische und evangelische Pfarrer. Der christliche Popsänger empfand das *Millenium Prayer* als Gottesgeschenk; denn auf diese Weise würden sich Millionen von Menschen in der ganzen Welt mit dem Vaterunser auseinandersetzen.

„Wenn ich nur noch einen Tag zu leben hätte ..."

Unvergessen bleibt mir jener Augenblick, als ich Cliff nur wenige Augenblicke vor seinem Bühnenauftritt hinter dem Vorhang stehen sah. Während der Moderator mit großem Enthusiasmus und Lobeshymnen den britischen Superstar ankündigte, hielt ich ihm mein Mikrofon hin und bat ihn um eine kurze Antwort auf meine Frage: „Cliff, was würdest du tun, wenn du nur noch einen Tag zu leben hättest?" Aus Zeitgründen konnte er nicht lange überlegen. Und so platzte es aus ihm heraus: „Ich würde versuchen, alle erreichbaren Rundfunk- und Fernsehstationen dringend zu bitten, mir eine kurze Sendezeit einzuräumen. Dann würde ich meine Situation schildern und bezeugen, dass Jesus Christus die größte Entdeckung meines Lebens ist, eine Kraftquelle und ein Trost im Leben und im Sterben. Ich würde meinen Hörern und Zuschauern Mut machen, dieses Liebesangebot nicht auszuschlagen und eine persönliche Glaubensbeziehung zu Jesus Christus aufzunehmen, denn diese Botschaft hat sich seit 2.000 Jahren bewährt und behält ihre Gültigkeit, bis Christus wiederkommt."

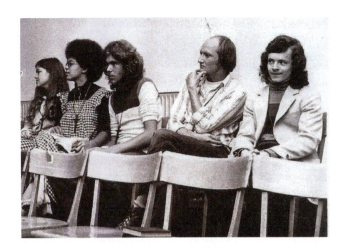

Das „Hippie"-Musical Hair

Fünf Darsteller lassen den Sonnenschein herein

In den Siebzigerjahren war das Hippie-Musical *Hair* in aller Munde. Die junge Generation bejubelte es, während die Erwachsenenwelt voller Entsetzen war. Im Januar 1972 kam es bei der Musical-Aufführung in Siegen zum Eklat: Fünf Darsteller aus fünf Nationen waren desertiert! Der erfolgreichen Show des deutschsprachigen *Hair*-Ensembles drohte der Abbruch. Was war passiert und was wurde aus den umstrittenen Aussteigern? 47 Jahre später ging ich ihrer abenteuerlichen Geschichte nach.

Auf der Suche nach dem Sinn des Lebens

Es war ein Höhepunkt in der Popkultur: das US-amerikanische Hippie-Musical *Hair*, das 1968 am Broadway in New York uraufgeführt wurde und bis heute als das erfolgreichste Musical weltweit gilt. Seine Geschichte entstand und spielt in den späten 1960er-Jahren. Der Protest gegen den Vietnamkrieg fiel zeitlich zusammen mit Forderungen auf Veränderung der als „autoritär" angesehenen amerikanischen Gesellschaftsstrukturen sowie mit der Bürgerrechtsbewegung von Martin Luther King. Zur gleichen Zeit kam es zu Studentenunruhen in Paris und Deutschland. Überall auf der Welt war die Jugend unruhig geworden. Dazu gehörten auch die Hippies. Langes Haar in Kombination mit verschlissener Kleidung wurde damals zum Symbol einer Protesthaltung gegenüber einer als verlogenen und spießbürgerlich angesehenen Leistungs- und Wohlstandgesellschaft. *Hair* wollte eine künstlerische Antwort auf die Frage nach dem Sinn der „Unruhe" der Jugend geben. Erdacht hat die rebellische Geschichte Gerome Ragni, der in Texten, Songs, Tanzszenen und Sketchen das anarchische, enthemmte Lebensgefühl der Hippies und ihren Widerstand gegen die herrschenden Verhältnisse darstellte. Der Komponist Galt MacDermot war Kirchenmusiker. Kein Wunder, dass seine rhythmisierten Songs zuweilen an gregorianische Gesänge erinnern. Auf der *Hair*-Bühne der Siegerlandhalle sang Claude, der nicht als US-Soldat in Vietnam kämpfen wollte, seinen ganzen Frust heraus:

„Wo geh' ich hin, folg ich den Wolken?
Wo ist der Weg, den ich nicht seh'?
Wer weiß die Antwort auf meine Fragen,
warum ich lebe und vergeh'?"

Damals – im Januar 1972 – fragte ich hinter den Kulissen den 24-jährigen Schweizer Markus Egger, der die Hauptrolle des Claude in Zweitbesetzung spielte, ob sein Leben auch so sinnlos sei. Seine ehrliche Antwort lautete: „Das war wirklich die quälende Frage in mir. Ich stehe als *Hair*-Schauspieler fast zwei Jahre auf der Bühne, und es geht mit mir bergab anstatt bergauf. Nicht in äußerlichen Erfolgen. Aber ich wollte als Mensch besser werden und andere zum Guten beeinflussen. In Philosophien, Lebensweisheiten, in Astrologie und Religionen fand ich nichts, was mir geholfen hätte. Und doch sang ich am Schluss der Show immer eifrig mit: ,Lasst den Sonnenschein in euch herein.' Es blieb dunkel in meiner Seele."
Dann erzählte mir Markus von zwei Missionarinnen der Baseler Bibelgesellschaft, die vor dem dortigen Theater nach der Musical-Aufführung in Anlehnung an den Titelsong *Let the Sunshine In* (Lass den Sonnenschein rein) einen Handzettel verteilten mit der Botschaft „Jesus ist das Licht, das die Welt hell macht". Daraufhin ließen sich Markus und sein holländischer Kollege Peter Helms von den Bibelmissionarinnen Heidi Schenker und Helga Döhne zum Mittagessen einladen. Sie kamen auch auf Jesus zu sprechen, der für die Gastgeberinnen eine reale Person war, die sie ausstrahlten. Das Musical *Jesus Christ*

Superstar hatte bei Markus schon einen Grundstein gelegt, den Erlöser an sich heranzulassen. Allerdings wollte er, wie er sagte, auf keinen Fall „fromm" werden. Schließlich jedoch waren die nach Wahrheit und Liebe suchenden Schauspieler bereit zu einem freien Gebet. Markus erinnerte sich an seine ersten Worte an Jesus: „Ich weiß nicht wie ich leben soll. Komm' bitte in mein Leben und zeig' mir, wo's langgeht." Und der 19-jährige Holländer sprach ein ähnliches Übergabegebet. Dann gingen sie in die Abendshow.

Hair als Sprungbrett, „um bei Jesus zu landen"

Als sich Markus und Peter zusammen mit den anderen Schauspielern und Tänzern backstage in der Garderobe auf ihren Auftritt vorbereiteten, war alles anders als sonst. Die beiden kifften nicht, wie sonst üblich, zusammen mit den anderen Schauspielern, um sich anzuturnen. „Habt ihr einen Trip geschmissen?", fragten manche. „Ihr seid ja so gut drauf!" Markus sah plötzlich seine Schauspielkollegen von außen wie aus der Zuschauerperspektive, als gehöre er gar nicht mehr dazu. „Was machen die da eigentlich?", fragte er sich, als er sah, wie manche mit hungrigen Augen den Rauch vom großen Joint tief inhalierten. Seit diesem Abend war er von seiner Drogensucht geheilt – wie durch ein Wunder, das er bis heute nicht erklären kann. In einer dunklen Ecke hinter der Bühne haben die beiden erweckten Christen dann gebetet, bevor sie ins Rampenlicht traten.

Im Januar 1972 gastierten die *Hair*-Schauspieler in Siegen. Da die Truppe diesen „Jesus-Trip" irgendwie cool fand, verteilten alle im Zuschauerraum anstelle der Einladungszettel zum „Kommt zum großen Be-In"[8] die Handzettel, die zum Glauben an Jesus einluden: „Lass den Sonnenschein herein; denn Jesus ist das Licht der Welt."

Der Holländer aus Amsterdam erzählte mir später, am Anfang sei alles bei *Hair* wunderbar gewesen, auch finanziell kam er gut zurecht. Mit dem Musical sei sein Traum in Erfüllung gegangen. Schauspiel, Musik und Tanz haben ihn gereizt, was er noch immer liebe. Aber es müsse doch mehr im Leben geben; etwas, was er bisher im Sex, in Drogen und östlichen Religionen vergeblich gesucht habe. Aber *Hair* sei „ein Sprungbrett gewesen, um bei Jesus zu landen".

Aufruhr hinter den Kulissen

Über Peter und Markus war die Sonne der frei machenden Christusbotschaft aufgegangen, und sie konnten die Botschaft von *Hair* nicht mehr mit gutem Gewissen vertreten: die Propagierung von freiem Sex, Drogen, Astrologie und fernöstlichen Religionen. „Wir sollten wenigstens versuchen, auch Jesus innerhalb der Show ins Gespräch zu bringen", fanden sie. Gedacht, getan. Auf ihren bunten Gewändern trugen sie auffallende Buttons mit der Aufschrift „Stop! Jesus liebt dich!".

---

[8] Das Be-In war ein Happening der Hippie-Bewegung.

Nach der Aufführung begeisterte sich Peter: „Die schönste Show meines Lebens." Markus bekannte: „Ich wollte immer aufhören mit den Drogen, weil sie mich körperlich und seelisch kaputt gemacht und mein Gedächtnis ruiniert hatten. Aber ich schaffte es nie. Jetzt bin frei." Bis heute hat auch er keine Drogen mehr konsumiert.

Während etliche Schauspielkollegen sich beeindruckt zeigten über die veränderte Lebenseinstellung mit heilender Wirkung, reagierte der Produktionsleiter mit Unverständnis und Wutausbrüchen: „Ich will euch hier nicht mehr sehen. Ihr bringt mir die ganze Show durcheinander. Ihr seid scheiße, euer Jesus ist scheiße. Und wenn ihr eure Jesus-Show nicht aufgebt, fliegt ihr raus." Weil er aber befürchtete, die tollen Schauspieler zu verlieren, machte er am nächsten Tag ein Zugeständnis: „Ich erlaube euch, eure christlichen Handzettel an die Zuschauer vor der Show weiterhin zu verteilen."

Trotz Androhung einer Konventionalstrafe wegen Vertragsbruchs konnten Peter und Markus aus Gewissengründen nicht länger mitspielen. Auch die 21-jährige Ina Orme (USA) schloss sich ihnen an: „Ich bin getaufte Christin, ich glaube, ich muss mit euch gehen!" Da die einzelnen Rollen zweifach besetzt waren, konnte das *Hair*-Ensemble seine Tournee fortsetzen.

Im Laufe der nächsten vier Wochen schlossen sich noch zwei weitere Schauspielkollegen den Abtrünnigen an: Paula Kirby (Trinidad) sowie der 24-jährige Peter Gruschka (Deutschland). Wie ein Lauffeuer verbreitete sich die sensationelle Nachricht vom Ausstieg der fünf *Hair*-Darsteller aus fünf verschiedenen Nationen.

Sturm der Entrüstung in der *Siegener Zeitung*

Da waren also im Januar 1972 fünf *Hair*-Schauspieler aus fünf Nationen im Quartier der Siegener Heilsarmee „gestrandet"; ausgestiegen aus dem lockeren Leben auf dem Vergnügungsdampfer der tanzenden und berauschenden Hippies. Ihre Retter waren zunächst das Heilsarmee-Offiziersehepaar Karl-Heinz und Ursula Gaßner, die sie monatelang beherbergt und sie mit leiblicher und geistlicher Nahrung vorbildlich versorgt hatten. Die eilends eingerichtete Teestube war eine anziehende Anlaufstelle für junge Siegerländer Christen, Drogensüchtige und ausgeflippte Typen. Unter ihnen die gesprächsfreudigen und missionierenden ehemaligen Schauspieler, mit denen ich mich anfreundete und bis heute verbunden bin.

Ein Sturm der Entrüstung jedoch brach nach dem Ausstieg im „frommen" Siegerland los. Den Anfang machte ein leitender Redakteur der angesehenen *Siegener Zeitung* mit einer Splitternotiz über meinen wohlwollenden Zeitungsartikel in *Christ und Welt* über fünf ausgestiegene *Hair*-Schauspieler, die Christen geworden waren. Ein Auszug: „Günther Klempnauer, Spezialist in Sachen Hasch und Jesus-Bewegung, nutzt die Gunst der Stunde wie ein

persönlicher Werbemanager, um für den christlichen Glauben Propaganda zu machen." Den Schauspielern wäre wohl die Show zu langweilig geworden und nun ließen sie sich das irdische Zubrot von der Heilsarmee servieren. Nun könnte ich seitenweise aufschlussreiche Leserbriefe zitieren, deren Autoren mich beherzt verteidigten und die ich auch nach 47 Jahren noch habe. Ich möchte nur zwei Auszüge bringen: „Glauben Sie, dass die *Hair*-Leute aus Langeweile eine andere Richtung eingeschlagen haben? Der ‚perfekte Werbemanager' opfert seit Jahren Zeit, Geld, Gesundheit und Familienleben, um sich der Nöte und Fragen seiner Mitmenschen anzunehmen, was man weder von Werbemanagern und nur gelegentlich bei Gemeindepfarrern findet." Und ein engagierter Gemeindepfarrer entschuldigte den empörten Redakteur mit den Worten: „Wer in seinem eigenen Leben nicht die befreiende Kraft Jesu Christi erfahren hat, die zu einer totalen Lebenserneuerung führt, ist in der Berichterstattung über die angesprochenen Ereignisse einfach überfordert."
Schade, dass der skeptische Redakteur der Siegener Zeitung nicht mehr am Leben ist. Heute, 47 Jahre nach seiner Splitternotiz, käme er aus dem Staunen nicht mehr heraus, was aus diesen exotischen „Hippies" wurde.

Peter Helms aus Holland: „Jesus gibt mir Kraft, Widerstände zu ertragen"

Der 19-jährige „fliegende Holländer" Peter Helms, der nach seinem Ausstieg nicht mehr die Siegerlandhalle betreten durfte, sagte dem Publikum: „Wenn ich morgens wach werde, kommt es mir vor, als habe ich Geburtstag. So freue ich mich, dass ich ein Kind Gottes geworden bin. Meine Suche nach Leben durch östliche Meditation, Sex und Drogen ist beendet, weil ich Jesus gefunden habe. Er gibt mir Kraft, Widerstände zu ertragen und Kämpfe zu bestehen." Peter absolvierte später eine mehrjährige theologische Ausbildung in den USA, Japan und Korea. 30 Jahre danach besuchte mich der inzwischen gereifte und welterfahrene Bartträger und Evangelist in Siegen. Zu dieser Zeit wohnte er mit seiner australischen Ehefrau in Südafrika und betreute als Seelsorger erholungsbedürftige kirchliche Mitarbeiter. Seit 2018 lebt das Missionarsehepaar auf einem Gutshof in Frielendorf bei Kassel und wirbt mit dem Slogan „Leben ist mehr als gutes Essen". Gäste sind willkommen, die nach Leib und Seele gesunden wollen. „Helms Buffet" ist schmackhaft.

Ina Orme aus den USA: „Jesus ist der Maßstab für mein Handeln"

Als für damalige Verhältnisse sehr locker bekleidete Schauspielerin wurde die 21-jährige Ina Orme auf der *Hair*-Bühne vom Siegener Publikum beklatscht. Schon als Germanistikstudentin in Bonn hatte sie mit Haschisch, Meskalin und Kokain experimentiert. Moralische Grundsätze waren für sie tabu. Deshalb fühlte sie sich bei *Hair* gut aufgehoben, aber nur vorübergehend. „Heute ist Jesus und sein Liebesgebot der Maßstab für mein Handeln", sagte sie unter dem Beifall der jugendlichen Besucher. „Dieses Christusbewusstsein macht mich innerlich stark und selbstbewusst." Nach Beendigung ihres Studiums kehrte sie in ihrem Heimatstadt Seattle zurück und wurde Lehrerin. Ihr Glaube an Jesus Christus blieb für sie weiterhin entscheidender Faktor ihres Lebens. Die inzwischen pensionierte ältere Dame war kürzlich mit ihre Ehemann in Deutschland zu einem mehrtägigen Treffen mit den anderen vier *Hair*-Deserteuren und lud diese in ihre Heimat ein.

**Peter Gruschka aus Deutschland:
für Hilfsbedürftige da**

Der damals 24-jährige Peter Gruschka war so beeindruckt von der radikalen Umkehr seiner von Gott ergriffenen Schauspielkollegen, dass er ihnen einen Monat später mit dem Taxi nach Siegen nachreiste. Beeindruckt zeigte er sich von Jesus als dem barmherzigen Samariter, der sich um die Hilfsbedürftigen kümmerte. Nachdem er Christ wurde und von seiner Drogenabhängigkeit geheilt war, missionierte er unter Hippies und Drogensüchtigen in Amsterdam.

Als sein Hausboot abgebrannt war, fühlte er sich mit seiner Frau berufen, im kurdischen Teil des Irak den allein gelassenen und sexuell missbrauchten Frauen und Witwen beizustehen. Nach dem Tod seiner geliebten Frau wollte er dort bleiben bis an sein Lebensende. Zuletzt sahen wir uns auf der Hochzeitfeier meiner Tochter Susanne.

**Paula Kirby aus Trinidad:
„Die Bibel muss wahr sein"**

Voller Leidenschaft und Anmut war die 21-jährige ausgebildete Tänzerin über die *Hair*-Bühne gewirbelt. Ebenso intensiv durchforschte sie die heiligen chinesischen und indischen Schriften – immer in der Hoffnung, Gott und den Sinn des Lebens zu finden. Als ihr in Basel eine Bibelmissionarin das Neue Testament schenkte, entdeckte sie die wirklichkeitsnahe Lehre Jesu und war fasziniert von seinen einladenden Worten: „Ich bin gekommen, um euch überfließendes Leben zu schenken." Im selben Augenblick stand für sie fest: „Wenn das stimmt, will ich mich für Jesus entscheiden; denn die Bibel muss wahr sein."

Bis heute ist die aus Trinidad gebürtige Tanzlehrerin und Schauspielerin weltweit unterwegs. Über viele Jahre durchquerte sie auf der *Anastasis* die Weltmeere als Mitarbeiterin von *Mercy Ships*, einer Organisation, die zu *Youth with a Mission* (Jugend mit einer Mission) gehört. Dort leitete sie die Pressearbeit in allen Ländern, deren Häfen mit diesem „Barmherzigkeitsschiff" angelaufen wurden. Das christliche Zeugnis und medizinische Hilfe für arme, hilflose Menschen (besonders schwierige kieferorthopädische Operationen) waren der Schwerpunkt dieses Dienstes. Auch Zahnbehandlungen, Bau- und Landwirtschaftsprojekte sowie Ausbildungsprogramme gehören zu den Aufgaben, die vom Team auf diesem Hospitalschiff in Entwicklungsländern wahrgenommen werden Aktuell ist die hochbegabte, in die Jahre gekommene Mrs Kirby an einem Missionsobjekt in Washington beteiligt, um Kontakte zu Diplomaten im Weißen Haus zu knüpfen.

Gefreut hat sich das Heilsarmee-Offiziersehepaar Gaßner über einen Brief von Paula, den sie 30 Jahre nach ihrem Ausstieg aus dem Musical *Hair* geschrieben hatte. Hier ein Auszug:

„Ihr habt uns aufgenommen, geliebt und umarmt, obwohl wir so sonderbar und verrückt waren. Mit all eurer Kraft habt ihr euch selbstlos für uns eingesetzt. Dafür sind wir fünf ehemaligen *Hair*-Schauspieler euch für immer dankbar. Ich bin sicher, dass viele Siegerländer euch für töricht gehalten haben. Aber ihr habt euch nicht daran gestört. Und siehe da, wir verrückten Leute lieben Jesus noch mehr als je zuvor. Als ich Christin wurde, ergriff mich Jesu Einladung, dass er gekommen sei, um uns überfließendes Leben zu schenken. Das erfahre ich bis heute jeden Tag."

Markus Egger aus der Schweiz:
„Meine Ampel als Christ wird auch mal grün"

Während ich diese Zeilen schrieb und in einer Verschnaufpause im Internet surfte, entdeckte ich bei Facebook ein Foto aus dem Jahr 1972, auf dem die fünf ehemaligen *Hair*-Schauspieler abgebildet sind. Dazu schreibt der heute 71-jährige Markus Egger: „Das ‚Wunder von Siegen' war ein Wunder Jesu."
In seiner zentralen *Hair*-Rolle als Claude sang er „Lasst den Sonnenschein in euch herein". Unvergesslich war für ihn jener Augenblick in Basel, als er nach der Theatervorstellung einen Handzettel an die Hand bekam mit den Worten Jesu: „Ich bin das Licht der Welt. Wer mir nachfolgt, wird nicht in der Finsternis wandeln, sondern das Licht des Lebens haben."
„Diese Worte, die eine konkrete Antwort auf mein Fragen und Suchen waren, schlugen bei mir ein", sagte mir damals der 24-jährige Schweizer. „Da ich nichts zu verlieren hatte, betete ich zu Jesus, dieses Licht möge auch bei mir aufgehen, wie es andere Christen erlebt haben. Wie durch ein Wunder ging dieses Licht in mir an und deckte mein bisheriges eigensüchtiges, beschmutztes Leben ohne Gott auf. Der Genuss von Haschisch sollte mich eigentlich high machen. Stattdessen überfielen mich, besonders durch den Konsum der Sorte *Schwarzer Afghane*, massive Ängste. Alle Fensterkreuze an den Häusern wurden für mich regelmäßig zu Todesdrohungen. Meine Erfahrung der Erlösung durch Jesus Christus

befreite mich jedoch sofort von meinen Ängsten und Depressionen. All meine Verfehlungen, Enttäuschungen und Aggressionen konnte ich bei Jesus abladen, der für meine Schuld am Kreuz gestorben ist. Dieses göttliche Geschenk nahm ich im Glauben an. Seitdem habe ich keine Depressionen mehr, die ich mit Rauschgiften zu verdrängen suchte und dadurch abhängig wurde. Nun geht es bergauf mit mir, denn ich habe meine Freiheit im Glauben an Jesus gefunden. Und sollte ich aus Schwachheit fallen, werde ich zu IHM zurückkehren."

Nach der *Hair*-Philosophie gibt es letztlich keine Verbote, alles ist erlaubt: Lebe deine Gefühle hemmungslos aus. Praktiziere die freie Liebe und lebe im Drogenrausch. Gelobt sei, was high macht. Auf die Frage, wie Markus heute den Freiheitsbegriff definiere, erklärte er: „Freiheit, die auf Egoismus basiert, belastet immer den Mitmenschen. Man tut, was man will, ohne Rücksicht auf Verluste. Wer die Zehn Gebote ohne Bindung an Gott betrachtet, sieht nur ‚rot'. Meine Ampel als Christ wird auch ‚grün'. Ich brauche Richtlinien und Verhaltensregeln. Heute sehe ich die Zehn Gebote nicht als Verbote, sondern als hilfreiche Leitlinien zu einem menschenwürdigen Leben mit Gott und den Mitmenschen."

Christen können keine Träumer sein

Als Religionspädagoge am Siegener Berufskolleg für Wirtschaft und Verwaltung wurde ich im Unterricht ständig auf die *Hair*-Schauspieler angesprochen, die einige meiner Schüler auf der Bühne der *Siegerlandhalle* bewundert hatten. Fragen über Fragen prasselten auf Markus Egger nieder, als ich ihn meinen Schülern vorstellte. „Markus, bist du nicht ein Träumer oder ein Schlafwandler, der die reale Welt nicht mehr wahrnimmt? Oder benutzt du nicht Jesus wie ein Aufputschmittel?" Markus Egger antwortete: „Träumer sind Menschen, die nicht mehr die Wirklichkeit sehen wollen oder können. Sie scheuen die Auseinandersetzung mit dem Leben und fliehen in die Traumwelt. Irgendwann kommt der Augenblick, wo das ganze Elend aufbricht. Früher habe ich oft geträumt. Ich träumte von der totalen Freiheit, wo man das tun kann, was Spaß macht, und das lassen kann, was keinen Spaß mehr macht. Ich träumte vom Paradies auf Erden. Als ich mich der biblischen Botschaft stellte, sah ich, wie krank diese Welt und mein eigener Zustand ist. Ich bin gesund geworden und glaube an das Wunder der göttlichen Liebe, weil ich sie erfahren habe. Wenn ich an Jesus glaube, kann ich es mir gar nicht leisten, an der Not dieser Welt vorbeizugehen. Kürzlich habe ich ein Lied getextet: ‚Da, wo Lüge ist, will ich die Wahrheit sagen. Da, wo Schweres ist, will ich helfen, die Lasten zu tragen. Wo gehungert wird, möchte ich Nahrung verteilen. Und den Verwundeten möchte ich ihre Wunden heilen.' Nein, wer Jesus nachfolgt, kann kein Träumer sein."

Inter-Mission betreut 25.000 Kinder in Indien

Seine ersten Gehversuche als solch ein dienender Jesus People machte Markus Egger in der Teestube *Jesus-Treff* in Hannover, die mit der Hilfsorganisation *Inter-Mission* verbunden war. Es handelt sich um eine überkonfessionelle Gemeinschaft, die damals hauptsächlich Waisenkinder in Indien betreute. Als der Gründer Achim Schneider krankheitsbedingt ausschied, übernahm Markus Egger 1984 als Geschäftsführer und Vorsitzender diese verantwortungsvolle Arbeit, die er nach 34-jähriger Tätigkeit im letzten Jahr (2018) aus Altersgründen in jüngere Hände übergab. Heute verwaltet die *Inter-Mission* in Kooperation mit dem Schweizer Zweig über 3.500 Kinder-Patenschaften und unterhält in Nordindien über 100 Tagesschulen mit 25.000 Kindern. Ein großer Segen für Indien.

Endlich hat der 71-jährige Schweizer Sänger und ehemalige Schauspieler etwas mehr Zeit für seine liebe Frau Dagmar und die beiden Söhne, für Daniel, Fotograf und Account-Manager im Social-Media-Marketing in Hannover, und für Dominik, den promovierten Biowissenschaftler in Wien. Zudem arbeitet er daran, seine Begabung als Sänger noch einmal aufleben zu lassen, um auf diese Weise von Gottes befreiender Liebe zu reden. Wie schrieb er rückblickend vor wenigen Tagen auf Facebook? „‚Das Wunder von Siegen' war ein Wunder Jesu."

Ted Neeley (*1943)

Die Faszination des „Jesus Christ Superstar"

Seit fast einem halben Jahrhundert ist Ted Neeley in der Musik- und Filmbranche tätig. Auf seinen Welttourneen als Jesus-Darsteller in der Rockoper *Jesus Christ Superstar* und dem gleichnamigen Film wird er von einem generationenübergreifenden Millionenpublikum enthusiastisch gefeiert. Für seine schauspielerische Leistung in diversen Inszenierungen er-

hielt er 1974 den begehrten *Golden Globe Award* als *Bester Hauptdarsteller Komödie oder Musical* sowie als *Bester Nachwuchsdarsteller*.
Anlässlich einer vierjährigen Europa-Tournee, auf der das *Jesus Christ Superstar*-Ensemble mit Liveorchester und über 50 Darstellern seit 2014 in ausverkauften Konzerthallen spielte, wurde die legendäre Rockoper kürzlich (April 2019) erstmals in Deutschland im *Musical Dome Köln* vor begeistertem Publikum aufgeführt. Der 75-jährige US-Schauspieler Ted Neeley glänzte immer noch in seiner Titelrolle als „Jesus Christ Superstar". Wir feierten ein emotionales Wiedersehen nach 47 Jahren. Damals trafen wir uns zum ersten Mal in Israel. An einem Herbsttag 1972 entdeckte ich mitten in der trostlosen Negev-Wüste im südlichen Israel auf einem vor mir liegenden Bergrücken eine wild tanzende Schar bunt gekleideter junger Leute, die meine Neugier weckten. „Da muss ich hin", sagte ich zu dem israelischen Busfahrer. Kaum war ich ausgestiegen, nahmen mich melodische Klänge westlicher Rockmusik gefangen. Hastig eilte ich den Berg hinauf. Oben angekommen, traute ich meinen Augen und Ohren nicht, denn die Rockrhythmen waren verstummt und das Plateau menschenleer. Ich befand mich auf historischem Boden, wie ich erst später erfuhr. Ich war in Avdat, einer verlassenen und zerstörten Stadt, die im 3. Jahrhundert v. Chr. gegründet wurden war. Vor dem Ende des ersten Jahrhunderts v. Chr. wurde auf der Westseite des Plateaus, auf dem die Stadt lag, eine Tempelplattform (Akropolis) errichtet. In der späteren Stadt wurden unter byzantinischer Herrschaft eine Zitadelle, ein Kloster und zwei Kirchen auf den Überres-

ten der Akropolis von Avdat errichtet. Im siebten Jahrhundert unserer Zeit wurde die Stadt durch ein lokales Erdbeben völlig zerstört und nicht wieder aufgebaut.

„Jesus Christ Superstar" in der Negev-Wüste

Als ich auf diesem historischen Plateau einen Beduinenhirten, der Schafe und Kamele bewachte, fragte, wo denn die soeben noch agierenden Menschen geblieben seien, führte er mich zu einem Zelt, in dem junge Amerikaner wegen der brütenden Mittagshitze eine zweistündige Pause eingelegt hatten. Hier würde ein Jesus-Film gedreht, aber unter strengster Geheimhaltung, sagte die Film-Crew. Trotzdem machten sie mich mit dem Jesus-Darsteller in einem schmuddeligen Leinengewand bekannt, der hockend an einer fetttriefenden Hammelkeule knabberte. Über das Drehbuch und seine Jesus-Rolle durfte er nichts sagen. Aber er begeisterte sich für seinen Erlöser Jesus Christus, der sein Leben von Schuld und Angst befreit habe. Der US-amerikanische Schauspieler sprach von einer menschenwürdigen Christusbotschaft, die nicht nur für die suchende, orientierungslose Jugend eine erlösende Wohltat sei. Unser Gespräch kreiste um brisante existenzielle Fragen, die Jesus als Mensch auf dieser Erde mit seinem vorbildlichen Leben beantwortet hatte. Doch wir konnten nur kurz reden, dann war unsere Redezeit abgelaufen. Die Dreharbeiten in der glühenden Wüstensonne gingen gleich wieder los. Der Jesus-Darsteller begleitete mich nach draußen und lächelte wohlwollend in meine Kamera.

Als ich ein Jahr später den *Piccadilly Circus* in London überquerte, fiel mein Blick auf die Leuchtschriftreklame: „… and now the film *Jesus Christ Superstar*". Das Filmtheater war übersät mit Aushangfotos, auf denen mich der Jesus-Darsteller aus der Negev-Wüste anstrahlte. Jetzt war das Geheimnis gelüftet. Es war der 29-jährige Superstar Ted Neeley, der auch die Hauptrolle bei der Uraufführung des Musicals *Jesus Christ Superstar* 1971 am Broadway in New York spielte. Ted Neeley reiste seit fast einem halben Jahrhundert mit diesem Musical um die Welt.

Die letzten sieben Tage im Leben Jesu

Was ist die Botschaft von *Jesus Christ Superstar*? Mit packenden Rhythmen und berührenden Melodien erzählt die Rockoper die letzten sieben Tage des Lebens Jesu von Nazareth.

Keine Theologen, sondern ziemlich unbekümmerte junge Leute, der 21-jährige Andrew Lloyd Webber (Komponist) und der drei Jahre ältere Tim Rice (Texter), erkannten 1970 die Zeichen der Zeit: Die revolutionäre Jugend in den westlichen Ländern protestierte gegen die konsumorientierte Leistungsgesellschaft und war auf der Suche nach neuen Leitbildern. Neben den rebellierenden Studenten propagierten die „Hippies" „Make love, not war". Diese Bewegung endete im Drogenrausch. Hinter jeder Sucht steckt eine ungestillte religiöse Sehnsucht. So wurden in den 70er-Jahren Hunderttausende von ihnen gläubige Christen („Jesus ist besser als Hasch"), die sich *Jesus*

People nannten. In Los Angeles erzählte mir Pastor Chuck Smith, er habe über 20.000 gläubig gewordene Hippies am Strand der Pazifikküste getauft. Diese Jesus-Revolution hatte Webber und Rice zu ihrem Werk inspiriert, dem die biblische Vorlage der Passionsgeschichte zugrunde liegt. Dabei bevorzugten sie eine sehr menschliche Version von Jesus, die seine Größe nicht leugnet, aber seine Wunder und Auferstehung nicht berücksichtigt. Umgedeutet wird die Rolle des Judas, der Jesu göttliche Berufung infrage stellt und ihn vor seinem Tod bewahren möchte. Alle Beteiligten werden letztlich an Jesus wahnsinnig: Judas, die anderen Jünger ebenso wie die geistlichen und weltlichen Machthaber, die auf ihre Privilegien nicht verzichten wollen. So endet der „Superstar" am Kreuz.

„Ich gehe im Paradies spazieren"

Vor meiner Begegnung mit Ted Neeley im *Musical Dome Köln* im April 2019 hatte ich ihm jenes Foto zukommen lassen, das ich von ihm in der Negev-Wüste gemacht hatte. Gleich nach der ersten von fünf ausverkauften Vorstellungen mit 10.000 begeisterten Zuschauern trafen wir uns backstage. Vom ersten Augenblick an waren wir ein Herz und eine Seele. Ted überschüttete mich geradezu mit einer Herzlichkeit und Zuneigung, dass ich mich in seiner Nähe sofort angenommen und verstanden fühlte. Es gab viel zu erzählen. Hier leider nur ein kurzer Ausschnitt unseres Gesprächs.
Der vielseitige US-amerikanische Künstler, der als

Schauspieler, Sänger, Songwriter und Produzent weltbekannt wurde, spielte bereits 5.000 Mal die Hauptrolle im Musical *Jesus Christ Superstar*. Als ich ihn jetzt auf der Kölner Rockoper-Bühne erlebte, konnte ich mich seiner Faszination kaum entziehen. Und wie verstand der Jesus-Darsteller selbst seine Titelrolle? „Jede Vorstellung ist für mich eine brandneue Erfahrung, die meine Seele berührt und mich mit dem Publikum verbindet. Wie im Paradies gehe ich auf der Bühne spazieren und werde therapiert", bekannte er mir strahlend. Und wie reagieren seine Zuschauer, wenn der Vorhang gefallen ist? „Die Show erlaubt es mir, jeden Abend neue Menschen kennenzulernen und mich mit ihnen auszutauschen. Manchmal stehen sie bis zu zwei Stunden Schlange, um mir ihre Geschichten zu erzählen und ihre Gefühle mit mir zu teilen. Immer wieder kommen sie auf die Menschlichkeit Jesu zu sprechen, in der sie sich mit ihren Ängsten und Anfechtungen – wie Jesus im Garten Gethsemane – wiederfinden." Ständig bekomme er von den Zuschauern zu hören, im Gegensatz zur Kirche baue die Jesus-Botschaft der Rockoper eine Brücke zu ihren existenziellen Alltagsfragen und ihrer eigenen Spiritualität. Zugleich würden sie aber auch erkennen, dass Jesus nach seinem Tod am Kreuz „mehr war als nur ein Mann, der durch die Straßen ging".

Auf seine Glaubensbeziehung zu Jesus Christus angesprochen, bekannte Ted: „Mein Verhältnis zu ihm ist noch intensiver und tiefgründiger geworden. Jesus ist für mich nicht nur am Kreuz gestorben, sondern auch vom Tode auferstanden, auch wenn seine Auferstehung in der Rockoper nur angedeutet wird."

Zu den eindrucksvollsten Szenen gehört für ihn das letzte Abendmahl mit Jesu Jüngern sowie seine dunkelste Stunde im Garten Gethsemane, wo Jesus seinen himmlischen Vater Hilfe suchend anfleht und am Ende getröstet wird. Voller Inbrunst und Ergriffenheit sprach Ted die letzten Worte Jesu am Kreuz, die im *Musical Dome* eine atemlose Stille auslösten: „Vater, vergib ihnen, denn sie wissen nicht, was sie tun" und jene an seinem Ende: „Vater, in deine Hände lege ich meinen Geist".

Zu den ergreifendsten Szenen der Rockoper gehörte meiner Meinung nach die Geißlung Jesu mit 39 Peitschenhieben, eingerahmt von Schreckensbildern der Menschheitsgeschichte, die im Hintergrund auf einer Maxi-Leinwand liefen: von Auschwitz bis zur Tragödie des 11. September, von den Verbrechen der Mafia, diversen grausamen Gewalttaten und Hungerkatstrophen. Jeder Peitschenhieb, jeder Schmerz Jesu, wird durch solch ein Bild für uns lebendig und nachvollziehbar gemacht. Wo war Gott? Am Kreuz! Aber es gibt Hoffnung durch seine Auferstehung.

Papst Franziskus: „Macht weiter so!"

Voller Bewunderung sprach Ted von seinem Besuch im Kölner Dom. Ich gab ihm zu bedenken, dass der Dom von den meisten Besuchern wohl mehr als Museum und weniger als Gotteshaus angesehen wird. Was würde er als Erzbischof von Köln den Christen in den Pfarreien raten, damit die Menschen wieder für die Christusbotschaft gewonnen werden? „Die Menschen müssen uns Christen wahrnehmen als Lichtträger und Vorbilder, die von der Liebe Jesu ergriffen sind und diese Liebe auch untereinander praktizieren", sagte der Jesus-Darsteller.

Ted Neeley erinnerte sich an die erste Aufführung der Rockoper im September 2014 in Europa im *Teatro Sistina* in Rom: „Papst Franziskus hat die Proben spontan besucht und war so ergriffen, dass er uns anschließend gesegnet hat. Mich ermutigte er, indem er sagte: ‚Macht weiter so, ihr verkündigt dieselbe Jesus-Botschaft wie wir in der Kirche.'" Als der gleichnamige Film *Jesus Christ Superstar* in die Kinos kam, sagte der damalige Papst Paul VI: „Ich glaube, dieser Film wird mehr Menschen in der ganzen Welt mit dem Evangelium bekannt machen als irgendein anderes Medium."

Trotz wiederholter bis heute andauernder Proteste, die Rockoper sei ein gotteslästerliches Werk, betonten die Repräsentanten der Kirchen stets: „Das Musical ist nicht nur eine monströse Show, sondern auch ein christliches Glaubensbekenntnis im Rhythmus unserer Zeit." Missverständnisse sind nicht ausgeschlossen, wie Ted Neeley beklagte. Mit zwiespältigen Gefühlen habe er zu kämpfen, wenn er an manche Fans denke, die ihn abgöttisch verehren: „Mütter bringen ihre Kinder zu mir, um ihnen die Hände aufzulegen und sie zu segnen. Manche Zuschauer umarmen mich mit den Worten: ‚Du bist mein Jesus geworden.' Es ist schwer, ihnen begreiflich zu machen, dass ich nur ein Rock 'n' Roller bin, mehr nicht. Ich will nur Jesus groß machen."

In der Rockoper protestiert Judas, dass Jesus die ver-

achtete Prostituierte Maria Magdalena in seinen Jüngerkreis aufnimmt. Von der fürsorgenden Liebe Jesu überwältigt, die sie nicht verstehen kann, singt sie „I don´t know how to love him". Ich fragte Ted, ob er wisse, wie man Jesus lieben kann. Spontan antwortete er: „Er beschenkt mich mit seinem Frieden und mit seiner Liebe, die ich an andere Menschen weitergeben möchte. Es ist so schön, jeden Tag ihm zu danken für meine schauspielerische Aufgabe, Jesus zu verherrlichen. Mein größter Wunsch wäre, noch einmal 5.000 Mal die Jesus-Rolle spielen zu dürfen."
Es war kurz vor Mitternacht, als wir mit etwas Wehmut voneinander Abschied nahmen. Wir wünschten einander Gottes Segen, bis wir uns wiedersehen – spätestens im Himmel.
Draußen – in dunkler und nasskalter Nacht – harrten immer noch über eine Stunde etliche Fans aus, die nur einen Wunsch hatten: ein Autogramm möglichst mit Händedruck von ihrem Superstar zu bekommen. Ich machte ihnen Mut: „Ted Neeley wird gleich herauskommen und euch gewiss nicht enttäuschen. Er ist die Menschenfreundlichkeit in Person."

Bildverzeichnis

S. 6: Der Autor Günther Klempnauer (l.) mit dem Moderator Thomas Gottschalk © Alle Rechte beim Autor
S. 11: © picture alliance/dpa-Zentralbild
S. 34: © picture alliance/xim.gs
S. 51: © picture alliance/Carmen Jaspersen/dpa
S. 59: Der bereits schwer erkrankte „Rocky" (r.) zusammen mit Autor Günther Klempnauer im Krankenhaus. Wenige Wochen später starb der Rocker an einer mehrfachen Krebserkrankung © Alle Rechte beim Autor
S. 67: Fritz Rau (Mitte) mit den Rockstars Peter Maffay (l.) und Udo Lindenberg (r.) bei der Verleihung des deutschen Veranstalterpreises LEA 2007 in Hamburg © picture alliance/rtn-radio tele nord
S. 77: Johannes Heesters und seine Ehefrau Simone Rethel © picture alliance
S. 85: Ursula Buchfellner (l.) mit der Schauspielerin Uschi Glas (r.) bei der Aufzeichnung einer TV-Sendung © picture alliance/dpa
S. 110: Thomas Gottschalk (vorn) bei einer Podiumsdiskussion mit Reinhard Kardinal Marx (hinten rechts), veranstaltet vom Institut zur Förderung des publizistischen Nachwuchses am 29.1.2018 in München © picture alliance/dpa
S. 125: Paddy Kelly (r.) mit Berenike, der Nichte des Autors, die wie Paddy im Alter von fünf Jahren ihre Mutter an eine Krebserkrankung verlor © Alle Rechte beim Autor
S. 148: © Joschka Sierks/Awa Models
S. 160: Günther Klempnauer mit Country-Legende Johnny Cash (Mitte) und dessen Frau June Carter Cash (r.) 1988 während Cashs letzter Deutschlandtournee © Alle Rechte beim Autor
S. 176: Gunter Gabriel (Mitte) mit Günther Klempnauer und dessen Frau Monika auf Gabriels Hausboot in Hamburg © Alle Rechte beim Autor
S. 189: Cliff Richard (Mitte) mit Autor Günther Klempnauer (r.) und dessen verstorbener Tochter Regina im Vorfeld eines Konzertes in Siegen © Alle Rechte beim Autor
S. 207: Die fünf Ex-Darsteller des Musicals bei einer Veranstaltung der Heilsarmee Siegen. V.l.n.r.: Ina Orme, Paula Kirby, Peter Gruschka, Markus Egger und Peter Helms © Horst-Günther Siemon
S. 223: Musicaldarsteller Neeley (r.) mit dem Autor Günther Klempnauer am Rande einer Aufführung von *Jesus Christ Superstar* in Köln. Das von beiden gehaltene Foto stammt von ihrer ersten Begegnung in der israelischen Wüste Negev bei den Dreharbeiten zur Verfilmung des Musicals © Alle Rechte beim Autor